COLLECTION «COURS ET TRAVAUX»

À paraître

QUENTIN SKINNER
L'Artiste en philosophe.
Ambrogio Lorenzetti et le Bon gouvernement.

PIERRE BOURDIEU

Science de la science et réflexivité

COURS DU COLLÈGE DE FRANCE
2000-2001

RAISONS D'AGIR ÉDITIONS

Éditions RAISONS D'AGIR
27, rue Jacob, 75006 Paris
© ÉDITIONS RAISONS D'AGIR, octobre 2001

AVANT-PROPOS

Pourquoi avoir pris la science pour objet de ce dernier cours du Collège de France ? Et pourquoi avoir décidé de le publier, malgré toutes ses limitations et ses imperfections ? La question n'est pas rhétorique et elle me paraît en tout cas trop sérieuse pour que je puisse lui donner une réponse rhétorique. Je crois en effet que l'univers de la science est menacé aujourd'hui d'une redoutable régression. L'autonomie que la science avait conquise peu à peu contre les pouvoirs religieux, politiques ou même économiques, et, partiellement au moins, contre les bureaucraties d'Etat qui assuraient les conditions minimales de son indépendance, est très affaiblie. Les mécanismes sociaux qui se sont mis en place à mesure qu'elle s'affirmait, comme la logique de la concurrence entre les pairs, risquent de se trouver mis au service de fins imposées du dehors ; la soumission aux intérêts économiques et aux séductions médiatiques menace de se conjuguer avec les critiques externes et les dénigrements internes, dont certains délires « post-modernes » sont la dernière manifestation, pour saper la confiance dans la science et tout spécialement dans la science sociale. Bref, la science est en danger et, de ce fait, elle devient dangereuse.

Tout donne à penser que les pressions de l'économie s'appesantissent chaque jour davantage, notamment dans des domaines où les produits de la recherche sont hautement rentables, comme la médecine, la biotechnologie (notamment en matière agricole) et, plus généralement, la génétique, – sans parler de la recherche militaire. C'est ainsi que nombre de chercheurs ou d'équipes de recherche tombent sous le contrôle de grandes firmes industrielles attachées à s'assurer, à travers les brevets, le monopole de produits à haut rendement commercial ; et que la frontière, depuis longtemps incertaine, entre la recherche fondamentale, menée dans les laboratoires universitaires, et la recherche appliquée, tend peu à peu à s'effacer : les savants désintéressés, qui ne connaissent d'autre programme que celui qui se dégage de la logique de leur recherche et qui savent faire aux demandes « commerciales » le strict minimum de concessions indispensables pour s'assurer les crédits nécessaires à leur travail, risquent d'être peu à peu marginalisés, au moins dans certains domaines, du fait de l'insuffisance des soutiens publics, et malgré la reconnaissance interne dont ils font l'objet, au profit de vastes équipes quasi-industrielles, travaillant à satisfaire des demandes subordonnées aux impératifs du profit. Et l'entrelacement de l'industrie et de la recherche est aujourd'hui devenu si serré qu'il ne se passe pas de jour qu'on n'apprenne de nouveaux cas de conflits entre les chercheurs et les intérêts commerciaux (par exemple telle compagnie californienne connue pour produire un vaccin visant à accroître les défenses contre le virus HIV, responsable du sida, a tenté, à la fin de l'année passée, d'empêcher la publication d'un article scientifique montrant que ce vaccin n'était pas efficace). Il est ainsi à craindre que la logique de la concurrence qui, comme on a pu le voir, en d'autres temps, dans le domaine de la physique, peut porter les chercheurs les plus purs à oublier les usages économiques, politiques ou sociaux qui peuvent être faits des produits de leurs travaux, ne se combine et se conjugue avec la soumission plus ou moins contrainte ou empressée aux intérêts des entreprises pour faire dériver peu à peu des pans entiers de la recherche dans le sens de l'hétéronomie.

Quant aux sciences sociales, on pourrait imaginer que, n'étant pas en mesure de fournir des produits directement utiles, c'est-à-dire immédiatement commercialisables, elles sont moins exposées aux sollicitations. En fait, les spécialistes de ces sciences, et en particulier les sociologues, sont l'objet d'une très grande sollicitude, soit positive, et souvent très payante, matériellement et symboliquement, pour ceux qui prennent le parti de servir la vision dominante, ne fût-ce que par omission (et, en ce cas, l'insuffisance scientifique y suffit), soit négative, et malveillante, parfois destructrice, pour ceux qui, en faisant tout simplement leur métier, contribuent à dévoiler un peu de la vérité du monde social.

C'est pourquoi il m'a paru particulièrement nécessaire de soumettre la science à une analyse historique et sociologique qui ne vise nullement à relativiser la connaissance scientifique en la rapportant et en la réduisant à ses conditions historiques, donc à des circonstances situées et datées, mais qui entend, tout au contraire, permettre à ceux qui font la science de mieux comprendre les mécanismes sociaux qui orientent la pratique scientifique et de se rendre ainsi « maîtres et possesseurs » non seulement de la « nature », selon la vieille ambition cartésienne, mais aussi, et ce n'est sans doute pas moins difficile, du monde social dans lequel se produit la connaissance de la nature.

J'ai voulu que la version écrite de ce cours reste aussi proche que possible de ce qu'a été l'exposition orale : c'est pourquoi, tout en faisant disparaître de la transcription les répétitions et les récapitulations liées aux contraintes de l'enseignement (comme la division en leçons) et aussi certains passages qui, sans doute justifiés à l'oral, me sont apparus, à la lecture, peu nécessaires ou déplacés, j'ai essayé de rendre ce qui est un des effets les plus visibles de la semi-improvisation, c'est-à-dire les excursus, plus ou moins éloignés du thème principal du discours, que j'ai signalés en les transcrivant en petits caractères. Quant aux références à des articles ou des ouvrages que j'avais faites oralement ou par écrit, je les ai annoncées par des numéros entre crochets qui renvoient à une bibliographie finale.

INTRODUCTION

Je voudrais dédier ce cours à la mémoire de Jules Vuillemin. Peu connu du grand public, il incarnait une grande idée de la philosophie, une idée de la philosophie peut-être un peu trop grande pour notre temps, trop grande en tout cas pour accéder au public qu'il aurait mérité. Si je parle de lui aujourd'hui, c'est parce qu'il a été pour moi un très grand modèle qui m'a permis de continuer à croire dans une philosophie rigoureuse, à un moment où j'avais toutes les raisons de douter, à commencer par celles que me fournissait l'enseignement de la philosophie tel qu'il était pratiqué. Il se situait dans cette tradition française de philosophie de la science qui a été incarnée par Bachelard, Koyré et Canguilhem et qui est prolongée aujourd'hui par quelques autres dans ce lieu même. C'est dans cette tradition de réflexion d'ambition scientifique sur la science que se situe ce que je vais essayer de faire cette année.

La question que je voudrais poser est assez paradoxale : est-ce que la science sociale ne peut pas contribuer à résoudre un problème qu'elle a elle-même fait surgir, auquel la tradition logiciste n'a pas cessé de s'affronter, et qui a connu une nouvelle actualité à l'occasion de l'affaire Sokal, celui que pose la genèse historique de vérités supposées transhistoriques ? Comment est-il possible qu'une activité historique, inscrite dans l'histoire, comme l'activité scientifique, produise des vérités transhistoriques, indépendantes de l'histoire, détachées de tous liens et avec le lieu et le moment, donc valables éternellement et universellement ? C'est un problème que les philosophes ont posé d'une manière plus ou moins explicite, surtout au XIXe siècle, en grande partie sous la pression des sciences sociales naissantes.

En réponse à la question de savoir qui est le « sujet » de cette « création de vérités et de valeurs éternelles », on peut invoquer Dieu ou tel ou tel de ses substituts, dont les philosophes ont inventé toute une série : c'est la solution cartésienne des *semina scientiae*, ces semences ou ces germes de science qui seraient déposés sous forme de principes innés dans l'esprit humain ; ou la solution kantienne, la conscience transcendantale, l'univers des conditions nécessaires de la connaissance qui sont consubstantielles à la pensée, le sujet transcendantal étant en quelque sorte le lieu des vérités a priori qui sont le principe de construction de toute vérité. Ce peut être, avec Habermas, le langage, la communication, etc. Ou, avec le premier positivisme logique, le langage logique comme construction a priori qui doit être imposée à la réalité pour que la science empirique soit possible. On pourrait évo-

quer aussi la solution wittgensteinienne, selon laquelle le principe générateur de la pensée scientifique est une grammaire,
mais dont on discute pour savoir si elle est historique (les jeux
de langage étant soumis à des contraintes qui sont des inventions historiques) ou si elle a la forme que revêtent les lois universelles de la pensée.

Si l'on écarte les solutions théologiques ou crypto-théolo-
giques – je pense ici au Nietzsche du *Crépuscule des idoles* qui
disait : « Je crains que nous ne nous libérions jamais de Dieu
tant que nous continuerons à croire à la grammaire » –, est-
ce que la vérité peut survivre à une historicisation radicale ?
Autrement dit, est-ce que la nécessité des vérités logiques est
compatible avec la reconnaissance de leur historicité ? Est-ce
qu'on peut donc résoudre ce problème sans recourir à un
quelconque *deus ex-machina* ? Est-ce que l'historicisme radical qui est une forme radicale de la mort de Dieu et de tous
ses avatars ne conduit pas à détruire l'idée même de vérité,
se détruisant ainsi lui-même ? Ou bien, à l'opposé, est-il
possible de défendre un historicisme rationaliste ou un
rationalisme historiciste ?

Ou, pour revenir à une expression plus scolaire de ce
problème : la sociologie et l'histoire qui relativisent toutes
les connaissances en les rapportant à leurs conditions historiques, ne sont-elles pas condamnées à se relativiser elles-
mêmes, se condamnant ainsi à un relativisme nihiliste ? Est-
il possible d'échapper à l'alternative du logicisme et du
relativisme qui n'est sans doute qu'une variante de la vieille

controverse entre le dogmatisme et le scepticisme ? Le logicisme, qui est associé aux noms de Frege et de Russell, est un programme de fondation logique des mathématiques qui pose qu'il y a des règles générales a priori pour l'évaluation scientifique et un code de lois immuables pour distinguer la bonne de la mauvaise science. Il me paraît être une manifestation exemplaire de la tendance typiquement *scolastique* à décrire non pas la science se faisant mais la science toute faite, à partir de laquelle on dégage les lois selon lesquelles elle se serait faite. La vision scolastique, logique ou épistémologique, de la science, propose, comme dit Carnap, une « reconstruction rationnelle » des pratiques scientifiques ou, selon Reichenbach, « un substitut logique des processus réels » dont on postule qu'il correspond à ces processus. « La description, disait Reichenbach, n'est pas une copie de la pensée réelle, mais la construction d'un équivalent ». Contre l'idéalisation de la pratique scientifique opérée par cette épistémologie normative, Bachelard observait déjà que l'épistémologie avait trop réfléchi sur les vérités de la science établie et pas assez sur les erreurs de la science se faisant, sur la démarche scientifique telle qu'elle est.

Les sociologues ont, à des degrés différents, ouvert la boîte de Pandore, le laboratoire, et cette exploration du monde scientifique tel qu'il est a fait apparaître tout un ensemble de faits qui mettent en question très fortement l'épistémologie scientifique de type logiciste telle que je l'ai évoquée et réduisent la vie scientifique à une vie sociale avec ses règles, ses contraintes, ses stratégies, ses ruses, ses effets de domination, ses tricheries, ses vols d'idées, etc. La vision réaliste, et souvent désenchantée, qu'ils se sont faite ainsi des réalités du monde scientifique les a conduits à proposer des théories relativistes, voire nihilistes, qui prennent le contre-pied de la représentation officielle de la science. Or cette conclusion n'a rien de fatal et l'on peut, selon moi, associer une vision réaliste du monde scientifique et une théorie réaliste de la connaissance. Et cela à condition d'opérer une double rupture avec les deux termes du *couple épistémologique* constitué par le dogmatisme logiciste et le relativisme qui semble inscrit dans la critique historiciste. On sait, Pascal l'observait déjà, que c'est l'idée ou l'idéal dogmatique d'une connaissance absolue qui conduit au scepticisme : les arguments relativistes n'ont toute leur force que contre une épistémologie dogmatique et individualiste, c'est-à-dire une connaissance produite par un savant individuel qui s'affronte seul à la nature avec ses instruments (par opposition à la connaissance dialogique et argumentative d'un champ scientifique).

On est ainsi conduit à une dernière question : s'il est indiscutable que le monde scientifique est un monde social, on peut se demander si c'est un microcosme, un champ, semblable (à des différences près, qu'il faut spécifier) à tous les autres, et en particulier aux autres microcosmes sociaux, champ littéraire, champ artistique, champ juridique ? Un certain nombre de chercheurs, qui assimilent le monde scientifique et le monde artistique, tendent à réduire l'activité de laboratoire à une activité sémiologique : on travaille sur des inscriptions, on fait circuler des textes... Est-il un champ comme les autres, et si ce n'est pas le cas, quels sont les mécanismes qui font sa spécificité et, du même coup, l'irréductibilité à l'histoire de ce qui s'y engendre ?

1

L'ÉTAT DE LA DISCUSSION

On ne peut parler sur un tel objet sans s'exposer à un effet de miroir permanent : chaque mot que l'on peut avancer à propos de la pratique scientifique pourra être retourné contre celui qui le dit. Cette réverbération, cette réflexivité n'est pas réductible à la réflexion sur soi d'un je pense *(cogito)* pensant un objet *(cogitatum)* qui ne serait autre que lui-même. C'est l'image qui est renvoyée à un sujet connaissant par d'autres sujets connaissants équipés d'instruments d'analyse qui peuvent éventuellement leur être fournis par ce sujet connaissant. Loin de redouter cet effet de miroir (ou de boomerang), je vise consciemment, en prenant pour objet d'analyse la science, à m'exposer moi-même, ainsi que tous ceux qui écrivent sur le monde social, à une réflexivité généralisée. Un de mes buts est de fournir des instruments de connaissance qui peuvent se retourner contre le sujet de la connaissance, non pour détruire ou discréditer la connaissance (scientifique), mais au contraire pour la contrôler et la renforcer. La sociologie qui pose aux autres sciences la question de leurs fondements sociaux ne peut s'exempter de cette mise en question. Portant sur le monde social un regard ironique, qui dévoile, qui démasque, qui met au jour le caché, elle ne peut se dispenser de jeter ce regard sur elle-même. Dans une intention qui n'est pas de détruire la sociologie, mais au contraire de la servir, de se servir de la sociologie de la sociologie pour faire une meilleure sociologie.

Je ne vous cache pas que je m'effraie un peu moi-même de m'être engagé dans l'analyse sociologique de la science, objet particulièrement difficile, pour plusieurs raisons. D'abord, la sociologie de la science est un domaine qui a connu un extraordinaire développement, au moins quantitatif, au cours des dernières années. D'où une première difficulté, documentaire, que dit bien un spécialiste : « Bien que la science sociale de la science soit encore un domaine relativement restreint, je ne puis pas prétendre couvrir la totalité de la littérature. Comme dans d'autres domaines, la production écrite dépasse largement les capacités d'en lire une fraction substantielle. Heureusement, il y a assez de recouvrements *(duplication)*, au moins à un niveau programmatique, pour qu'un lecteur soit capable de s'assurer une appréhension suffisante de la littérature et de ses divisions sans avoir à la lire tout entière » (Lynch, 1993 : 83). La difficulté est redoublée pour qui ne s'est pas totalement et exclusivement consacré à la sociologie de la science. [Parenthèse : un des grands choix stratégiques en matière d'investissements scientifiques, ou, plus précisément, d'allocation des ressources temporelles, finies, dont dispose chaque chercheur, est celui de l'intensif ou de l'extensif, – même s'il est possible, comme je le crois, de mener des recherches à la fois extensives et intensives, grâce notamment à l'intensification du rendement productif que procure le recours à des modèles comme celui de champ qui permet d'importer des acquis généraux dans chaque étude particulière, d'apercevoir les traits spécifiques et d'échapper à l'effet de ghetto auquel sont exposés les chercheurs enfermés dans des spécialités étroites – comme les spécialistes de l'histoire de l'art qui, je l'avais montré l'an passé, sont souvent ignorants des acquis de l'histoire de l'éducation ou même de l'histoire littéraire.]

Mais ce n'est pas tout. Il s'agit de comprendre une pratique très complexe (problèmes, formules, instruments, etc.) qui ne peut être réellement maîtrisée qu'au terme d'un long apprentissage. Je sais bien que certains « ethnologues du laboratoire » peuvent convertir le handicap en privilège, le manque en accomplissement, et transformer en « parti » la situation d'étranger qui est la leur, en se donnant des airs d'ethnographes. Cela dit, il n'est pas certain que la science de la science soit nécessairement meilleure lorsqu'elle est faite par les « demi-soldes » de la science, les savants défroqués qui ont quitté la science pour faire la science de la science et qui peuvent avoir des comptes à régler avec la science qui les a exclus ou ne les a pas pleinement reconnus : s'ils ont la compétence spécifique, ils n'ont pas nécessairement la posture que demanderait la mise en œuvre scientifique de cette compétence. En fait la solution du problème (comment réunir une compétence technique, scientifique, très avancée, celle du chercheur de pointe qui n'a pas le temps de s'analyser, et la compétence analytique, elle-même très avancée, associée aux dispositions nécessaires pour la mettre au service d'une analyse sociologique de la pratique scientifique ?) ne peut pas être trouvée, sauf miracle, dans et par un seul homme et elle réside sans doute dans la construction de collectifs scientifiques – ce qui supposerait que les conditions soient remplies pour que les chercheurs et les analystes aient intérêt à travailler ensemble et à prendre le temps de le faire : on est, on le voit, dans l'ordre de l'utopie, parce que, comme souvent en sciences sociales, les obstacles au progrès de la science sont fondamentalement sociaux.

Autre obstacle, le fait que, comme les épistémologues (moins toutefois), les analystes les plus subtils dépendent des documents (ils travaillent sur des archives, des textes) et des discours que les savants tiennent sur la pratique scientifique, et ces savants dépendent eux-mêmes pour une grande part de la philosophie de la science du moment ou d'une époque antérieure (étant, comme tout agent agissant, partiellement dépossédés de la maîtrise de leur pratique, ils peuvent reproduire sans le savoir les discours épistémologiques ou philosophiques parfois inadéquats ou dépassés dont ils doivent s'armer pour communiquer leur expérience et qu'ils créditent ainsi de leur autorité).

Enfin, dernière difficulté, et non la moindre, la science, et surtout la légitimité de la science et l'usage légitime de la science, sont, à chaque moment, des enjeux de lutte dans le monde social et au sein même du monde de la science. Il s'ensuit que ce que l'on nomme épistémologie est toujours menacé de n'être qu'une forme de *discours justificateur de la science* ou d'une position dans le champ scientifique ou encore une reprise faussement neutralisée du discours dominant de la science sur elle-même.

Mais je dois expliciter pourquoi je commencerai la sociologie de la sociologie de la science que je vais esquisser par une histoire sociale de la sociologie de la science, et comment je conçois une telle histoire. Rappeler cette histoire, c'est pour moi une manière de donner une idée de l'état des questions qui se posent à propos de la science dans l'univers de la recherche sur la science (la maîtrise de cette problématique étant le véritable droit d'entrée dans un univers scientifique). Je voudrais, à travers cette histoire, vous permettre d'appréhender l'espace des positions et des prises de position à l'intérieur duquel se situe ma propre prise de position (et vous donner ainsi un substitut approché du sens des problèmes propre au chercheur engagé dans le jeu pour qui, de la mise en relation entre les différentes prises de positions – concepts en -isme, méthodes, etc. – inscrites dans le champ, surgit la problématique comme espace des possibles et principe des choix stratégiques et des investissements scientifiques). Il me semble que l'espace de la sociologie de la science est aujourd'hui assez bien balisé par les trois positions que je vais examiner.

Dans l'évocation d'une telle histoire, on peut prendre le parti d'accentuer les différences, les conflits (la logique des institutions académiques contribue à la perpétuation des fausses alternatives) ou bien de privilégier les points communs, d'intégrer dans une intention pratique de cumulation. [La réflexivité porte à prendre une position intégratrice qui consiste à mettre entre parenthèses notamment ce que les théories confrontées peuvent devoir à la recherche fictive de la différence : le mieux que l'on puisse tirer d'une histoire des conflits – dont il faut prendre acte –, est peut-être une vision qui dissout une grande partie des conflits, à la manière de philosophes comme Wittgenstein qui ont consacré une grande part de leur vie à détruire des faux problèmes – faux problèmes socialement constitués comme vrais, notamment par la tradition philosophique et, de ce fait, très difficiles à détruire. Cela tout en sachant, en tant que sociologue, qu'il ne suffit pas de montrer ou même de démontrer qu'un problème est un faux problème pour en venir à bout.] Je prendrai donc le risque de donner des différentes théories en concurrence une vision qui ne sera sans doute pas très « académique », je veux dire conforme aux canons du compte rendu scolaire et, par souci de me conformer au « principe de charité » ou, mieux, de générosité, mais aussi de privilégier, pour chacune, ce qui m'apparaît comme « intéressant » (à partir de mon point de vue, c'est-à-dire de ma vision particulière de la science), j'insisterai sur les *contributions* théoriques ou empiriques qu'elle a apportées – avec l'arrière-pensée, évidemment, de les intégrer dans ma propre construction. C'est donc très consciemment que je propose mes différents exposés comme des interprétations libres, ou des réinterprétations orientées qui ont au moins la vertu de présenter la *problématique* telle qu'elle m'apparaît, l'espace des possibles par rapport auquel je vais me déterminer.

Le champ des disciplines et des agents qui prennent la science pour objet, philosophie des sciences, épistémologie, histoire des sciences, sociologie des sciences, champ aux frontières mal définies, est traversé par des controverses et des conflits qui, chose étonnante, illustrent de façon exemplaire les meilleures analyses des controverses proposées par les sociologues de la science (attestant ainsi la faible réflexivité de cet univers dont on pourrait attendre qu'il se serve de ses acquis pour se contrôler). Sans doute parce qu'il est censé traiter de problèmes ultimes et se situer dans l'ordre du méta, du réflexif, c'est-à-dire au couronnement ou au fondement, il est dominé par la philosophie, dont il emprunte ou mime les ambitions de grandeur (à travers notamment la rhétorique du discours d'importance); les sociologues, et, à un moindre degré, les historiens qui y sont engagés restent tournés vers la philosophie (David Bloor combat sous la bannière de Wittgenstein, même s'il cite secondairement Durkheim, d'autres se disent philosophes, et le public visé est toujours, visiblement, celui des philosophes); on y réactive de vieux problèmes philosophiques comme celui de l'idéalisme et du réalisme (un des grands débats autour de David Bloor et Barry Barnes est de savoir s'ils sont réalistes ou idéalistes), ou celui du dogmatisme et du scepticisme.

Autre trait de ce champ, on y manipule et on y exige relativement peu de données empiriques, et celles-ci sont réduites, la plupart du temps, à des textes, souvent noyés dans d'interminables discussions « théoriques ». Une autre caractéristique de cette région bâtarde où tous les sociologues sont philosophes et tous les philosophes sociologues, où se côtoient et se confondent les philosophes (français) qui s'occupent des sciences sociales et les adeptes indéterminés des nouvelles sciences, *cultural studies* ou *minority studies*, qui puisent à tort et à travers dans la philosophie (française) et les sciences sociales, c'est aussi un très faible degré d'exigence en matière de rigueur argumentative (je pense aux polémiques autour de Bloor telles que les décrit Gingras (2000) et en particulier au recours assez systématique à des stratégies déloyales de « désinformation » ou de diffamation, – comme le fait d'accuser de marxisme, arme fatale, mais proprement politique, quelqu'un qui, comme Barnes, se réclame de Durkheim et Mauss, ou tant d'autres –, ou encore le fait de changer de position selon le contexte, l'interlocuteur ou la situation).

Dans la période récente, le sous-champ de la nouvelle sociologie de la science (l'univers balisé par le livre de Pickering, *Science as Practice and Culture*, 1992) s'est constitué par une série de ruptures ostentatoires. On y a beaucoup pratiqué la critique de la « vieille » sociologie de la science. Ainsi, pour ne prendre qu'un exemple entre mille, Michael Lynch (1993) intitule un de ses chapitres : « The Demise of the "Old" Sociology of Knowledge ». [Il faudrait réfléchir sur un tel usage de l'opposition vieux/neuf qui est sans doute un des obstacles au progrès de la science, notamment sociale : la sociologie souffre beaucoup du fait que la recherche de la distinction à tout prix, qui a cours en certains états du champ littéraire, encourage à forcer artificiellement les différences et empêche ou retarde l'accumulation initiale dans un paradigme commun – on repart toujours à zéro – et l'institution de modèles forts et stables. On le voit particulièrement à l'usage qui est fait du concept kuhnien de paradigme, le premier sociologue venu pouvant se prétendre porteur d'un « nouveau paradigme », d'une « nouvelle » théorie ultime du monde social.] Éloigné des autres spécialités par une série de ruptures qui tendent à l'enfermer sur ses propres débats, déchiré par d'innombrables conflits, controverses et rivalités, ce sous-champ est emporté par la logique du dépassement-surpassement dans une surenchère de profondeur (« des questions plus profondes, plus fondamentales, restent sans réponse » – Woolgar, 1988a). Woolgar, réflexiviste relativiste, évoque inlassablement l'indépassable « Problème », que même la réflexivité ne permet pas de maîtriser (Pickering, 1992 : 307-308).

Mais est-il légitime de parler de champ à propos de cet univers ? Il est certain qu'un certain nombre de choses que j'ai décrites peuvent être entendues comme des effets de champ. Par exemple, le fait que l'irruption de la nouvelle sociologie de la science a eu pour effet, comme cela s'observe en tout champ, de modifier les règles de distribution des profits dans l'ensemble de l'univers : lorsqu'il apparaît que ce qui est important et intéressant, c'est d'étudier non les savants (les relations statistiques entre les propriétés des savants et le succès accordé à leurs productions), à la manière des mertoniens, mais la science ou, plus précisément, la science se faisant et la vie du laboratoire, tous ceux qui avaient un capital lié à l'ancienne manière de faire la science connaissent une banqueroute symbolique et leur travail est renvoyé au passé dépassé, à l'archaïque.

On comprend qu'il n'est pas facile de faire l'histoire de la sociologie de la science non seulement en raison du volume de la production écrite mais aussi du fait que la sociologie de la science est un champ dans lequel l'histoire de la discipline est un enjeu de luttes (parmi d'autres). Chacun des protagonistes développe une vision de cette histoire conforme aux intérêts liés à la position qu'il occupe dans cette histoire, les différents récits historiques étant orientés en fonction de la position de celui qui les tient et ne pouvant donc prétendre au statut de vérité indiscutable. On voit en passant un effet de la réflexivité : ce que je viens de dire met en garde les auditeurs contre ce que je vais dire et me met en garde, moi qui le dis, contre le danger de privilégier une orientation ou contre la tentation même de me sentir objectif sous prétexte par exemple que je renvoie tout le monde dos à dos.

L'histoire que je vais faire ici n'est pas inspirée par le souci de faire valoir celui qui la fait en introduisant progressivement à la solution ultime, capable de cumuler de manière purement additive les acquis (conformément à cette sorte d'hegelianisme spontané qui se pratique beaucoup dans la logique des cours…). Elle vise seulement à recenser les acquis, problèmes autant que solutions, qu'il faudra intégrer. Pour chacun des « moments » de la sociologie de la science que je distingue, et qui se chevauchent en partie, j'essaierai d'établir d'une part « le style cognitif » du courant considéré et d'autre part la relation qu'il entretient avec les conditions historiques, l'air du temps.

1. UNE VISION ENCHANTÉE

La tradition structuro-fonctionnaliste de sociologie de la science est importante, en elle-même, par ses apports à la connaissance du champ scientifique, mais aussi parce que c'est par rapport à elle que s'est construite la « nouvelle sociologie de la science », aujourd'hui socialement dominante. Bien qu'elle fasse beaucoup de concessions à la vision officielle de la science, cette sociologie rompt, malgré tout, avec la vision officielle des épistémologues américains : elle est attentive à l'aspect contingent de la pratique scientifique (que les savants eux-mêmes peuvent exprimer dans certaines conditions). Les mertoniens proposent une description cohérente de la science qui se caractérise, selon eux, par l'universalisme, le communisme ou le communalisme (les droits de propriété y sont limités à l'estime ou au prestige liés au fait de donner son nom à des phénomènes, des théories, des preuves, des unités de mesure : principe de Heisenberg, théorème de Gödel, volts, curies, röntgens, syndrome de Tourette, etc), le désintéressement, le scepticisme organisé. [Cette description est proche de la description weberienne du type-idéal de la bureaucratie : universalisme, compétence spécialisée, impersonnalité et propriété collective de la fonction, institutionnalisation de normes méritocratiques pour régler la compétition (Merton, 1957)].

Inséparable d'une théorie générale (à la différence de la nouvelle sociologie de la science), la sociologie de la science mertonienne substitue à la sociologie de la connaissance à la Mannheim une sociologie des chercheurs et des institutions scientifiques conçue dans une perspective structuro-fonctionnaliste qui s'applique aussi à d'autres domaines du monde social. Pour donner une idée plus concrète du « style » de cette recherche, je voudrais commenter brièvement un article typique de la production mertonienne, article tout à fait remarquable, et toujours valide, qu'il faut intégrer dans le capital d'acquis de la sous-discipline (Cole et Cole, 1967). Dans le titre (« Scientific Output and Recognition : A Study in the Operation of the Reward System in Science »), le mot *recognition*, concept mertonien, est une déclaration expresse de l'appartenance à une école ; dans la première note, les auteurs remercient Merton d'avoir relu leur travail qui a été financé par une instance contrôlée par Merton. Autant de signes sociaux qui font voir qu'on est dans une école unie par un style cognitif socialement institué, adossé à une institution. Le problème posé est un problème canonique qui s'inscrit dans une tradition : la première note rappelle les études sur les facteurs sociaux de la réussite scientifique. Ayant établi qu'il y a une corrélation entre la quantité de publications et les indices de reconnaissance, les auteurs se demandent si la meilleure mesure de l'excellence scientifique est la quantité ou la qualité des productions. Ils étudient donc la relation entre les outputs quantitatifs et qualitatifs de 120 physiciens (en s'expliquant en détail sur tous les moments de la procédure méthodologique, échantillon, etc.): il y a une corrélation mais quelques physiciens publient beaucoup d'articles de peu d'importance *(significance)* et d'autres un petit nombre d'articles de grande importance. L'article recense les « formes de reconnaissance » *(forms of recognition)* : « récompenses honorifiques et participation à des sociétés honorifiques » *(honorific awards and memberships in honorific societies)*, médailles, prix Nobel, etc.; positions « dans des départements de premier rang » *(at top ranked departments)*; citations comme indices de l'utilisation de la recherche par les autres et de « l'attention que la recherche reçoit de la communauté » (on accepte la science comme elle se présente). On teste statistiquement leurs intercorrélations (observant au passage que les prix Nobel sont très cités).

Cette recherche prend les indices de reconnaissance, comme la citation, à leur valeur faciale, et tout se passe comme si les enquêtes statistiques visaient à vérifier que la distribution des *rewards* était parfaitement justifiée. Cette vision typiquement structuro-fonctionnaliste est inscrite dans la notion de « *reward system* » telle que la définit Merton : « l'institution scientifique s'est dotée d'un système de récompenses *conçu en vue de* donner reconnaissance et estime à ces chercheurs qui ont le mieux rempli leurs rôles, à ceux qui ont fait des contributions authentiquement originales au stock commun de connaissance » (Merton, 1957). Le monde scientifique propose un système de récompenses qui remplit des fonctions et des fonctions utiles, sinon nécessaires (Merton parlera de « renforcement par les récompenses précoces » aux savants méritants), au fonctionnement du tout. [On voit en passant que, contrairement à ce que prétendent certains critiques – j'y reviendrai –, le fait de remplacer *recognition* par capital symbolique n'est pas un simple changement de lexique plus ou moins gratuit ou inspiré par la simple recherche de l'originalité, mais induit une vision différente du monde scientifique : le structuro-fonctionnalisme pense le monde scientifique comme une « communauté » qui s'est dotée *(has developped)* d'institutions justes et légitimes de régulation, et où il n'y a pas de luttes – en tout cas, pas de luttes à propos de l'enjeu des luttes.]

Le structuro-fonctionnalisme révèle ainsi sa vérité de finalisme des collectifs : la « communauté scientifique » est un de ces collectifs qui accomplissent leurs fins à travers des mécanismes sans sujet orientés vers des fins favorables aux sujets ou, du moins, aux meilleurs d'entre eux. « Il apparaît que le système de récompenses en physique agit de manière à donner les trois espèces de reconnaissance en priorité à la recherche importante » (Merton, 1973 : 387). Si les grands producteurs publient les recherches les plus importantes, c'est que le « système de récompense agit de manière à encourager les chercheurs créateurs à être productifs et à détourner les chercheurs moins créateurs vers d'autres voies » (Merton, 1973 : 388). Le *reward system* oriente les plus productifs vers les voies les plus productives et la sagesse du système qui récompense ceux qui méritent de l'être renvoie les autres sur des voies de garage comme les carrières administratives. [Effet secondaire dont on devrait interroger les effets, notamment en matière de productivité scientifique et d'équité dans l'évaluation, et vérifier qu'ils sont vraiment « fonctionnels » et pour qui... Il faudrait par exemple s'intéresser aux conséquences de l'octroi de positions d'autorité, que ce soit à la direction des laboratoires ou dans l'administration scientifique, à des chercheurs de second plan qui, dépourvus de la vision scientifique et des dispositions « charismatiques » nécessaires pour mobiliser les énergies, contribuent souvent à renforcer les forces d'inertie du monde scientifique]. Plus les chercheurs sont reconnus (par le système scolaire, puis par le monde savant), plus ils sont productifs et continuent à l'être. Les gens les plus consacrés sont ceux qui ont été consacrés le plus tôt, c'est-à-dire les « *early starters* » qui, du fait de leur consécration scolaire, ont un début de carrière rapide – marqué par exemple par la nomination comme assistant-professor dans un département prestigieux (et les *late bloomers* sont rares). [On peut voir là une application d'une loi générale du fonctionnement des champs scientifiques. Les systèmes de sélection (comme les écoles d'élite) favorisent les grandes carrières scientifiques, et cela de deux façons : d'une part en désignant ceux qu'ils remarquent comme remarquables, pour les autres et aussi pour eux-mêmes, et en les appelant ainsi à se faire remarquer par des actions remarquables notamment aux yeux de ceux qui les ont remarqués (c'est le souci de ne pas décevoir les attentes, d'être à la hauteur : Noblesse oblige); d'autre part, en leur conférant une compétence particulière.]

Très objectiviste, très réaliste (on ne doute pas que le monde social existe, que la science existe, etc.), très classique (on met en œuvre les instruments les plus classiques de la méthode scientifique), cette approche ne fait pas la moindre référence à la manière dont les conflits scientifiques sont réglés. Elle accepte, en fait, la définition dominante, logiciste, de la science, à laquelle elle entend se conformer (même si elle égratigne quelque peu ce paradigme). Cela dit, elle a le mérite de mettre en évidence des choses qui ne peuvent être aperçues à l'échelle du laboratoire. Cette sociologie de la science, élément capital de tout un dispositif visant à constituer la science sociale comme une *profession,* est animée par une intention d'autojustification *(self-vindication)* de la sociologie sur la base du consensus cognitif (d'ailleurs vérifié empiriquement par les travaux de sociologie de la science de l'école). Je pense notamment à l'article de Cole et Zuckerman, « The Emergence of a Scientific Speciality : the Self Exemplifying Case of the Sociology of Science » (1975).

[Il m'est apparu rétrospectivement que j'avais été assez injuste à l'égard de Merton dans mes premiers écrits de sociologie de la science – sans doute sous l'effet de la position que j'occupais alors, celle du nouvel entrant dans un champ international dominé par Merton et le structuro-fonctionnalisme : d'une part parce que j'ai relu autrement les textes, d'autre part, parce que j'ai appris, sur les conditions dans lesquelles ces textes avaient été produits, des choses que j'ignorais à l'époque. Par exemple, le texte intitulé « The Normative Structure of Science » et devenu le chapitre 13 de *Sociology of Science*, a été publié pour la première fois en 1942 dans une revue éphémère fondée et dirigée par Georges Gurvitch, alors réfugié aux USA : la tonalité naïvement idéaliste de ce texte qui exalte la démocratie, la science, etc., se comprend mieux dans ce contexte comme une manière d'opposer l'idéal scientifique à la barbarie. D'autre part, je crois que j'ai eu tort de mettre dans le même sac que Parsons et Lazarsfeld un Merton qui avait réintroduit Durkheim, qui faisait de l'histoire de la science et qui rejetait l'empirisme sans concepts et le théoricisme sans données, même si son effort pour échapper à l'alternative débouchait plutôt vers un syncrétisme que sur un vrai dépassement.

Une remarque en passant : lorsqu'on est jeune, – c'est de la sociologie de la science élémentaire –, on a, toutes choses égales par ailleurs, moins de capital, et aussi moins de compétence, et on est donc incliné, presque par définition, à se poser en s'opposant aux plus anciens, donc à porter un regard critique sur leurs travaux. Mais cette critique peut être pour une part un effet de l'ignorance. Dans le cas de Merton, j'ignorais non seulement le contexte, tel que je viens de le rappeler, de ses premiers écrits, mais aussi la trajectoire dont il était issu : celui que j'avais perçu, dans un congrès international dont il était le roi, comme un Wasp élégant et raffiné, était en réalité, je l'ai appris depuis, un émigré récent d'origine juive qui, comme dans sa tenue et son vêtement, en rajoutait dans le sens de l'élégance *british* (à la différence de Homans, pur produit de la Nouvelle Angleterre qui m'était apparu, dans un dîner à Harvard, comme dépourvu de toute marque aristocratique – sans doute un effet de l'ignorance de l'étranger qui ne sait pas reconnaître dans une certaine désinvolture relâchée le signe de la « vraie distinction »); et cette disposition à l'hypercorrection, très commune chez les gens de première génération en voie d'intégration et aspirant ardemment à la reconnaissance, était sans doute aussi au principe de sa pratique scientifique et de son exaltation de la *profession*, de la sociologie qu'il entendait constituer comme profession scientifique.

On voit là, il me semble, tout l'intérêt de la sociologie de la sociologie : les dispositions que Merton importait dans sa pratique scientifique étaient au principe de ses vues et de ses bévues – contre lesquelles une vraie sociologie réflexive aurait pu le protéger ; et l'apercevoir, c'est se donner des principes éthico-épistémologiques pour tirer parti, sélectivement, de ses contributions et, plus généralement, pour soumettre à un traitement critique, à la fois épistémologique et sociologique, les auteurs et les œuvres du passé et son propre rapport aux auteurs et aux œuvres du présent et du passé.]

Dans une forme optimiste de jugement réflexif, l'analyse scientifique de la science à la Merton justifie la science en justifiant les inégalités scientifiques, en montrant scientifiquement que la distribution des prix et des récompenses est conforme à la justice scientifique puisque le monde scientifique proportionne les récompenses scientifiques aux mérites scientifiques des savants. C'est aussi pour assurer la respectabilité de la sociologie que Merton tente d'en faire une véritable « *profession* » scientifique, sur le modèle de la bureaucratie, et de doter le faux paradigme structuro-fonctionnaliste qu'il contribue à construire avec Parsons et Lazarsfeld de cette sorte de couronnement faussement réflexif et empiriquement validé qu'est la sociologie de la science traitée comme un instrument de sociodicée.

[Je voudrais finir par quelques observations sur la scientométrie qui repose sur les mêmes fondements que le structuro-fonctionnalisme mertonnien et qui se donne pour fin le contrôle et l'évaluation de la science à des fins de *policy-making* (la tentation scientométrique pèse sur toute l'histoire de la sociologie de la science, comme science du couronnement capable de décerner des brevets de science, et les plus radicalement modernistes, et nihilistes, des nouveaux sociologues de la science n'y échappent pas). La scientométrie s'appuie sur des analyses quantitatives ne prenant en compte que les produits, bref sur des compilations d'indicateurs scientifiques, comme les citations. Réalistes, les bibliomètres tiennent que le monde peut être échantillonné, compté, mesuré par des « observateurs objectifs » (Hargens, 1978 : 121-139). Ils fournissent aux administrateurs scientifiques les moyens apparemment rationnels de gouverner la science et les savants et de donner des justifications d'allure scientifique à des décisions bureaucratiques. Il faudrait notamment examiner les *limites* d'une méthode qui s'appuie sur des critères strictement quantitatifs et qui ignore les modalités et les fonctions très diverses de la référence (pouvant aller jusqu'à mettre entre parenthèses la différence entre les citations positives et les citations négatives). Il reste que malgré les usages douteux (et parfois déplorables) de la bibliométrie, ces métho-des peuvent servir à construire des indicateurs utiles sur le plan sociolo-gique, comme je l'ai fait dans *Homo Academicus* (1984 : 261) pour obtenir un indice de capital symbolique.]

2. LA SCIENCE NORMALE
ET LES RÉVOLUTIONS SCIENTIFIQUES

Bien qu'il soit d'abord un historien des sciences, Thomas Kuhn a bouleversé très profondément l'espace des possibles théoriques en matière de science de la science. Sa principale contribution est d'avoir montré que le développement de la science n'est pas un processus continu, mais qu'il est mar-qué par une série de ruptures et par l'alternance de périodes de « science normale » et de « révolutions » (Kuhn, 1972). Par là, il introduisait dans la tradition anglo-saxonne une philosophie discontinuiste de l'évolution scientifique en rupture avec la philosophie positiviste considérant le progrès de la science comme un mouvement d'accumulation continu. Par ailleurs, il a élaboré l'idée de « communauté scientifique » exposant que les scientifiques forment une communauté fermée dont la recherche porte sur un éventail bien défini de problèmes et qui utilisent des méthodes adaptées à ce travail : les actions des savants dans les sciences avancées sont déterminées par un « paradigme », ou, « matrice disciplinaire », c'est-à-dire un état de l'accomplissement scientifique qui est accepté par une fraction importante des savants et qui tend à s'imposer à tous les autres.

La définition des problèmes et la méthodologie de recherche utilisée découlent d'une tradition professionnelle de théories, de méthodes et de compétences qui ne peuvent être acquises qu'au terme d'une formation prolongée. Les règles de la méthode scientifique telles que les explicitent les logiciens ne correspondent pas à la réalité des pratiques. Comme en d'autres professions, les scientifiques tiennent pour acquis que les théories et les méthodes existantes sont valables et ils les utilisent pour leurs besoins. Ils travaillent non à la découverte de théories nouvelles, mais à la solution de problèmes concrets, considérés comme des énigmes *(puzzles)*: par exemple, mesurer une constante, analyser ou synthétiser un composé, ou expliquer le fonctionnement d'un organisme vivant. Pour cela ils utilisent comme paradigme les traditions existant dans le domaine.

Le paradigme est l'équivalent d'un langage ou d'une culture : il détermine les questions qui peuvent être posées et celles qui sont exclues, le pensable et l'impensable ; étant à la fois un acquis *(received achievement)* et un point de départ, c'est un guide pour l'action future, un programme de recherches à entreprendre, plutôt qu'un système de règles et de normes. De ce fait le groupe scientifique est coupé du monde extérieur si bien que l'on peut analyser beaucoup de problèmes scientifiques sans prendre en compte les sociétés dans lesquelles les scientifiques travaillent. [Kuhn introduit en fait, mais sans l'élaborer en tant que telle, l'idée de l'autonomie de l'univers scientifique. Il en vient ainsi à affirmer que cet univers échappe purement et simplement à la nécessité sociale, donc à la science sociale. Il ne voit pas qu'en réalité (c'est ce que permet de comprendre la notion de champ), une des propriétés paradoxale des champs très autonomes, science ou poésie, c'est qu'ils tendent à n'avoir plus d'autre lien avec le monde social que les conditions sociales qui assurent leur autonomie par rapport à ce monde, c'est-à-dire les conditions très privilégiées dont il faut disposer pour produire ou apprécier une mathématique ou une poésie très avancée ou, plus exactement, les conditions historiques qui ont dû être réunies pour qu'apparaisse une condition sociale telle que les gens qui en bénéficient puissent faire des choses de cette sorte.]

Le mérite de Kuhn, je l'ai déjà dit, est d'avoir attiré l'attention sur les ruptures, les révolutions. Mais, du fait qu'il se contente de décrire le monde scientifique dans une perspective quasi durkheimienne, comme une communauté dominée par une norme centrale, il ne me paraît pas proposer de modèle cohérent pour expliquer le changement. Bien qu'une lecture particulièrement généreuse puisse construire un tel modèle et trouver le moteur du changement dans le conflit interne entre l'orthodoxie et l'hérésie, les défenseurs du paradigme et les novateurs, ces derniers pouvant se trouver renforcés, dans les périodes de crise, par le fait que les barrières tombent alors entre la science et les grands courants intellectuels au sein de la société. J'ai conscience d'avoir prêté à Kuhn, à travers cette réinterprétation, l'essentiel de ma représentation de la logique du champ et de sa dynamique. Mais c'est aussi, peut-être, un bon moyen de faire voir la différence entre les deux visions et l'apport spécifique de la notion de champ.

Cela dit, si l'on s'en tient à la lettre de Kuhn, on découvre une représentation strictement *internaliste* du changement. Chaque paradigme atteint un point d'épuisement intellectuel ; la matrice disciplinaire a produit tous les possibles qu'elle était capable d'engendrer (c'est un thème que l'on trouvait aussi, à propos de la littérature, chez les formalistes russes), cela à la manière d'une essence hégelienne qui s'est réalisée, selon sa logique même, sans intervention externe. Il reste seulement que certaines énigmes persistent et ne trouvent pas de solution.

Mais je voudrais m'arrêter un moment à une analyse de Kuhn qui me paraît très intéressante – sans doute, une fois encore, parce que je la réinterprète en fonction de mon propre modèle –, celle de « tension essentielle », du titre qu'il a donné à un recueil d'articles (Kuhn, 1977). Ce qui fait la *tension essentielle* de la science, c'est non qu'il y a une tension entre la révolution et la tradition, entre les conservateurs et les révolutionnaires, mais que la révolution implique la tradition, que les révolutions s'enracinent dans le paradigme : « Les tournants révolutionnaires d'une tradition scientifique sont relativement rares, et de longues périodes de recherche convergente en sont la condition nécessaire [...]. Seules les investigations fermement enracinées dans la tradition scientifique contemporaine ont une chance de briser cette tradition et de donner naissance à une nouvelle.» (Kuhn, 1977 : 307). « Le savant productif doit être un traditionaliste qui aime à s'adonner à des jeux complexes gouvernés par des règles pré-établies, pour être un innovateur efficace qui découvre de nouvelles règles et de nouvelles pièces avec lesquelles il peut continuer à jouer » (Kuhn, 1977 : 320). « Si la mise en question de ce à quoi adhèrent fondamentalement les chercheurs ne se produit que dans la science extraordinaire, c'est pourtant la science normale qui révèle, et l'objet à tester, et la manière de la faire » (Kuhn, 1977 : 364). C'est dire qu'un (vrai) révolutionnaire en matière de science est quelqu'un qui a une grande maîtrise de la tradition (et non quelqu'un qui fait table rase du passé ou qui, plus simplement, l'ignore).

Ainsi, les activités de résolution d'énigmes *(« puzzle-solving »)* de la « science normale » s'appuient sur un paradigme communément accepté qui définit entre autres choses, de manière relativement indiscutée, ce qui peut valoir comme une solution correcte ou incorrecte. Dans les situations révolutionnaires au contraire, le cadre d'arrière-plan qui seul peut définir la « correction » est lui-même en question. (C'est exactement le problème qu'a fait surgir Manet en opérant une révolution si radicale qu'elle mettait en question les principes au nom desquels on aurait pu l'évaluer). C'est dans ce cas que l'on est affronté au choix entre des paradigmes concurrents et que les critères transcendants de rationalité font défaut (il n'y a ni conciliation ni compromis : c'est le thème, qui a beaucoup fait disserter, de l'incommensurabilité des paradigmes). Et l'émergence d'un nouveau consensus ne peut s'expliquer, selon Kuhn, que par des facteurs non-rationnels. Mais du paradoxe de la « tension essentielle », on peut, en réinterprétant très librement Kuhn, conclure que le révolutionnaire est nécessairement quelqu'un qui a du capital (ceci découle de l'existence d'un droit d'entrée dans le champ), c'est-à-dire une grande maîtrise des ressources collectives accumulées, et qui, de ce fait, conserve nécessairement ce qu'il dépasse.

Ainsi, tout se passe comme si Kuhn, poussant jusqu'au bout la mise en question des standards universels de rationalité déjà préfigurée dans la tradition philosophique qui avait évolué d'un universalisme « transcendantal » de type kantien vers une notion de la rationalité déjà relativisée – par exemple, comme je le montrerai par la suite, chez Carnap (1950) –, retrouvait, avec la notion de paradigme, la tradition kantienne de l'a priori, mais pris en un sens relativisé, ou, plus exactement, sociologisé, comme chez Durkheim.

Du fait que ce qui est apparu comme le thème central de l'œuvre, à savoir la tension entre l'*establishment* et la subversion, était en affinité avec le *mood* « révolutionnaire » de l'époque, Kuhn, qui n'avait rien de révolutionnaire, a été adopté, un peu malgré lui, comme un prophète par les étudiants de Columbia et intégré dans le mouvement de la « contreculture » qui rejetait la « rationalité scientifique » et revendiquait l'imagination contre la raison. De même,

Feyerabend était l'idole des étudiants radicaux à la Freie Universität de Berlin (Toulmin, 1979 : 155-156, 159). L'invocation de telles références théoriques se comprend si l'on voit que le mouvement étudiant porte la contestation politique sur le terrain même de la vie scientifique, et cela dans une tradition universitaire où la coupure entre le *scholarship* et le *committment* est particulièrement marquée : il s'agit de libérer la pensée et l'action du contrôle de la raison et des conventions, dans tout le monde social, mais aussi dans la science.

Bref, cette pensée savante a dû sa force sociale moins au contenu même du message – sauf peut-être le titre : « la Structure des révolutions » – qu'au fait qu'elle est tombée dans une conjoncture où une population cultivée, les étudiants, a pu se l'approprier et la transformer en message révolutionnaire *spécifique*, contre l'autorité académique. Le mouvement de 68 a porté sur le terrain très privilégié de l'Université une contestation de nature à mettre en question les principes les plus profonds et les plus profondément indiscutés sur lesquels reposait l'Université, à commencer par l'autorité de la science. Il a utilisé des armes scientifiques ou épistémologiques contre l'ordre universitaire qui devait une partie de son autorité symbolique au fait qu'il était une *épistèmè instituée*, et qu'il reposait, en dernier ressort, sur de l'épistémologie. Cette révolution manquée a, dans l'ordre académique, ébranlé des choses essentielles, et en particulier les structures cognitives des dominants de l'ordre académique et scientifique. Une des cibles de la contestation a été l'orthodoxie en sciences sociales et l'effort de la triade capitoline, Parsons, Merton, Lazarsfeld (qui ne s'en est jamais remise), pour s'assigner le monopole de la vision légitime de la science sociale (avec la sociologie de la science comme fausse clôture et couronnement réflexif).

Mais la principale force de résistance au paradigme américain apparaîtra en Europe, avec, dans le champ anglophone, l'école d'Edimbourg, David Bloor et Barry Barnes, le groupe de Bath, Harry Collins, et en France mon article de 1975 sur le champ scientifique (1975a).

3. LE PROGRAMME DIT FORT

David Bloor (1983) s'appuie sur Wittgenstein pour fonder une théorie de la science selon laquelle la rationalité, l'objectivité et la vérité sont des normes socio-culturelles locales, des conventions adoptées et imposées par des groupes particuliers : il reprend les concepts wittgensteiniens de *« language game »* et *« form of life »* qui jouent un rôle central dans les *Philosophical Investigations*, et les interprète comme se référant à des activités sociolinguistiques associées à des groupes socio-culturels particuliers où les pratiques sont réglées par des normes conventionnellement adoptées par les groupes concernés. Les normes scientifiques ont les mêmes limites que les groupes à l'intérieur desquels elles sont acceptées. J'emprunterai à Yves Gingras (2000) une présentation synthétique des quatre principes du « programme fort » :

« David Bloor dans son livre *Knowledge and Social Imagery*, paru en 1976 et réédité en 1991, énonce quatre grands principes méthodologiques qui doivent être suivis pour construire une théorie sociologique probante de la connaissance scientifique : 1) causalité : l'explication proposée doit être causale ; 2) impartialité : le sociologue doit être impartial vis-à-vis de la « vérité » ou de la « fausseté » des énoncés débattus par les acteurs ; 3) symétrie : ce principe stipule que « les mêmes types de cause » doivent être utilisés pour expliquer tant les croyances jugées « vraies » par les acteurs que celles jugées « fausses » ; et enfin 4) la réflexivité exige que la sociologie des sciences soit elle-même en principe soumise au traitement qu'elle applique aux autres sciences. Au cours des nombreuses études de cas fondées sur ces principes, la causalité a été interprétée de façon assez large pour inclure l'idée de compréhension (évitant ainsi l'ancienne dichotomie, « explication vs compréhension »). Alors que le principe d'impartialité va de soi sur le plan méthodologique et n'a pas vraiment soulevé de débats, les philosophes ont beaucoup débattu du sens précis et de la validité du principe de symétrie. Enfin, le principe de réflexivité ne joue en fait aucun rôle dans les études de cas et n'a été vraiment pris au sérieux que par Woolgar et Ashmore qui ont ainsi été amenés à étudier davantage la sociologie des sciences et ses pratiques d'écriture que les sciences elles-mêmes.» Je reprendrai entièrement à mon compte cet exposé et les commentaires qu'il contient, en ajoutant seulement qu'on ne peut, selon moi, parler de réflexivité à propos d'analyses de la sociologie des sciences (des autres) qui ressortissent plutôt à la polémique qu'à la « polémique de la raison scientifique » dans la mesure où, comme le suggérait Bachelard, celle-ci est orientée d'abord contre le chercheur lui-même.

Quant à Barry Barnes (1974), qui explicite le modèle théorique sous-jacent à l'analyse de Kuhn, il omet, comme ce dernier, de poser la question de l'autonomie de la science, même s'il se réfère primordialement (sinon exclusivement) aux facteurs internes dans sa recherche des causes sociales des croyances-préférences des savants. Les intérêts sociaux suscitent des tactiques de persuasion, des stratégies opportunistes et des dispositions culturellement transmises qui influencent le contenu et le développement de la connaissance scientifique. Loin d'être déterminées sans équivoque par « la nature des choses » ou par des « pures possibilités logiques », comme le voulait Mannheim, les actions des savants et l'émergence et la cristallisation de paradigmes scientifiques sont influencées par des facteurs sociaux intra- et extra-théoriques. Barnes et Bloor (1982) s'appuient sur la *sous-détermination de la théorie par les faits* (les théories ne sont jamais complètement déterminées par les faits qu'elles invoquent et plusieurs théories peuvent toujours se réclamer des mêmes faits); ils insistent aussi sur le fait (qui est une banalité pour la tradition épistémologique continentale) que l'observation est orientée par la théorie. Les *controverses* (rendues possibles, une fois encore, par la sous-détermination) montrent que le consensus est fondamentalement fragile, que nombre de controverses s'achèvent sans avoir été tranchées par les seuls faits et que les champs scientifiques stables comportent toujours des mécontents qui attribuent le consensus au seul conformisme social.

Collins et l'école de Bath mettent l'accent moins sur la relation entre les intérêts et les préférences que sur le processus d'interaction entre les savants dans et par lesquels se forment les croyances ou, plus précisément, sur les controverses scientifiques et sur les méthodes non-rationnelles qui sont employées pour les trancher. Par exemple, Harry Collins et Trevor Pinch montrent à propos d'une controverse entre des savants d'*establishment* et des parapsychologues que les uns et les autres utilisent des procédés étranges et malhonnêtes : tout se passe comme si les savants avaient instauré des frontières arbitraires pour barrer l'entrée à des manières de penser et d'agir différentes des leurs. Ils critiquent le rôle de la « *replication* » (ou des expériences cruciales) dans la science expérimentale. Quand les savants essaient de reproduire les expériences d'autres savants, ils modifient souvent les conditions originelles de l'expérimentation, équipement, procédures, pour suivre leurs propres programmes, une « *replication* » parfaite supposant en fait des agents interchangeables (il faudrait analyser dans cette perspective la confrontation entre Pasteur et Koch). De plus, à moins d'avoir une très grande familiarité avec le problème concerné, il est très difficile de reproduire les procédures expérimentales à partir d'un rapport écrit. En effet, les comptes rendus scientifiques visent à respecter les normes idéales du protocole scientifique plutôt qu'à raconter les choses telles qu'elles se sont passées. Les scientifiques peuvent obtenir à plusieurs reprises des « bons » résultats sans être capables de dire comment ils les ont obtenus. Lorsque d'autres scientifiques ne parviennent pas à « répliquer » une expérience, les premiers peuvent objecter que leurs procédures n'ont pas été correctement observées. En fait l'acceptation ou le rejet d'une expérience dépend du crédit accordé à la compétence de l'expérimentateur autant que de la force et de la signification des preuves expérimentales. C'est moins la force intrinsèque de l'idée vraie qui emporte la conviction que la force sociale du vérificateur. C'est dire que le fait scientifique est fait par celui qui le produit et le propose mais aussi par celui qui le reçoit (c'est encore une analogie avec le champ artistique).

Bref, comme Bloor et Barnes, ils insistent sur le fait que les données expérimentales ne suffisent pas par elles-mêmes à déterminer dans quelle mesure une expérience vaut pour valider ou invalider une théorie et que ce sont les négociations au sein d'un noyau central *(core set)* de chercheurs intéressés qui déterminent si une controverse est close. Ces négociations dépendent pour une bonne part de jugements sur des questions d'honnêteté personnelle, de compétence technique, d'appartenance institutionnelle, de style de présentation et de nationalité. Bref, le falsificationnisme popperien donne une image idéalisée des solutions apportées par le *core set* de savants au cours de leurs disputes.

Collins a l'immense mérite de rappeler que le fait est une construction collective et que c'est dans l'interaction entre celui qui produit le fait, et celui qui le reçoit et qui essaie de le « répliquer » pour le falsifier ou le confirmer, que se construit le fait attesté, certifié, et de montrer que des processus analogues à ceux que j'ai découverts dans le domaine de l'art s'observent aussi dans le monde scientifique. Mais les limites de son travail tiennent au fait qu'il reste enfermé dans une vision *interactionniste* qui cherche dans les interactions entre les agents le principe de leurs actions et ignore les structures (ou les relations objectives) et les dispositions (le plus souvent corrélées avec la position occupée dans ces structures) qui sont le véritable principe des actions et, entre autres choses, des interactions elles-mêmes (qui peuvent être la médiation entre les structures et les actions). Restant dans les limites du laboratoire, il ne s'interroge pas du tout sur les conditions *structurales* de la production de la croyance, avec par exemple ce que l'on pourrait appeler le « capital labo », mis en évidence par les mertoniens qui ont montré par exemple, comme on l'a vu, que si telle découverte se fait dans un laboratoire réputé d'une université prestigieuse, elle a plus de chances d'être validée que si elle apparaît dans un autre moins considéré.

4. UN SECRET DE POLICHINELLE BIEN GARDÉ

Les études de laboratoire ont une importance certaine en ce qu'elles ont rompu avec la vision un peu lointaine et globale de la science pour s'approcher au plus près des lieux de production. Elles représentent donc un apport incontestable que je voudrais rappeler à travers les propos d'un des membres de ce courant, Karin Knorr-Cetina : « Les objets scientifiques sont non seulement techniquement fabriqués dans les laboratoires, mais ils sont aussi construits de manière inséparablement symbolique et politique à travers des techniques littéraires de persuasion telles qu'on peut les trouver dans les articles scientifiques, à travers des stratagèmes politiques par lesquels les savants visent à former des alliances ou à mobiliser des ressources, ou à travers les sélections qui construisent les faits scientifiques de l'intérieur ». Parmi les « pionniers » des études de laboratoire, je voudrais évoquer les travaux de Mirko D. Grmek (1973) et Frederic L. Homes (1974), qui se sont appuyés sur les carnets de laboratoire de Claude Bernard pour analyser des aspects différents de l'œuvre de ce savant. On y voit comment les meilleurs savants écartent les résultats défavorables comme des aberrations qu'ils font disparaître des comptes rendus officiels, comment ils transforment parfois des expériences équivoques en résultats décisifs ou modifient l'ordre dans lequel les expériences ont été faites, etc., comment tous se plient aux stratégies rhétoriques communes qui s'imposent dans le passage des comptes rendus privés de laboratoire aux *publications*.

Mais il faut citer ici Medawar qui résume bien les distorsions que l'on opère en s'appuyant sur les seuls comptes rendus publiés : « les résultats paraissent plus décisifs, et plus honnêtes ; les aspects les plus créatifs de la recherche disparaissent en donnant l'impression que l'imagination, la passion, l'art n'ont joué aucun rôle et que l'innovation résulte non de l'activité passionnée de mains et d'esprits profondément investis mais de la soumission passive aux préceptes stériles de la prétendue "Méthode Scientifique". Cet effet d'appauvrissement conduit à ratifier une vision empiriste ou inductiviste, à la fois démodée et naïve, de la pratique de la recherche » (Medawar, 1964).

Karin Knorr-Cetina, à partir d'une étude sur un laboratoire dans laquelle elle étudie très minutieusement les états successifs d'un *draft* qui aboutit à la publication après seize versions successives, analyse en détail les transformations de la rhétorique du texte, le travail de dépersonnalisation accompli par les auteurs, etc. (On peut regretter seulement que, au lieu de sacrifier à de longues discussions théorico-philosophiques avec Habermas, Luhman, etc., elle ne songe pas à livrer les informations proprement sociologiques sur les auteurs et sur leur laboratoire qui permettraient de rapporter les stratégies rhétoriques mises en œuvre à la position du laboratoire dans le champ scientifique et aux dispositions des agents engagés dans la production et la circulation des *drafts*.)

Mais c'est chez G. Nigel Gilbert et Michael Mulkay (1984) que j'ai trouvé l'exposé le plus juste et le plus complet des acquis de cette tradition. Ils montrent que les discours des savants varient selon le contexte et ils distinguent deux « répertoires » (il me semble qu'il vaudrait mieux dire deux rhétoriques). Le « répertoire empiriste » est caractéristique des papiers formels de recherche expérimentale qui sont écrits conformément à la représentation empiriste de l'action scientifique : le style doit être impersonnel et minimiser la référence aux acteurs sociaux et à leurs croyances de manière à produire toutes les apparences de l'objectivité ; les références à la dépendance des observations à l'égard de spéculations théoriques disparaissent ; tout est fait pour marquer la distance du savant à l'égard de son modèle ; le compte rendu dans la section méthodes est exprimé sous forme de formules générales. Il y a par ailleurs le « répertoire contingent » *(contingent répertoire)* qui coexiste avec le premier : quand ils parlent informellement, les savants insistent sur la dépendance à l'égard d'un « sens intuitif de la recherche » *(intuitive feel for research)* qui est inévitable étant donné le caractère pratique des opérations considérées (Gilbert et Mulkay, 1984 : 53). Ces opérations ne peuvent pas s'écrire et elles ne peuvent être comprises vraiment que par un étroit contact personnel. Les auteurs parlent de « *practical skills* », de tours de mains traditionnels, de recettes (les chercheurs font souvent la comparaison avec la cuisine). La recherche est une pratique coutumière dont l'apprentissage se fait par l'exemple. La communication s'établit entre des gens qui partagent le même *background* de problèmes et de présupposés *(assumptions)* techniques. Il est remarquable que, comme l'observent les auteurs, les savants retrouvent spontanément le langage du « répertoire contingent » lorsqu'ils parlent de ce que font les autres ou pour dire leur lecture des protocoles officiels des autres (du genre : « cause toujours »…).

En bref, les savants utilisent deux registres linguistiques : dans le « répertoire empiriste », ils écrivent d'une manière conventionnellement impersonnelle ; en réduisant au minimum les références à l'intervention humaine, ils construisent des textes dans lesquels le monde physique semble littéralement agir et parler par lui-même. Quand l'auteur est autorisé à apparaître dans le texte, il est présenté soit comme forcé d'entreprendre les expériences, ou d'atteindre les conclusions théoriques par les demandes sans équivoque des phénomènes naturels qu'il étudie, soit comme rigidement contraint par des règles de procédure expérimentale. Dans des situations moins formelles, ce répertoire est complété et parfois contredit par un répertoire qui met l'accent sur le rôle joué par les contingences personnelles dans l'action et la croyance. Le compte rendu asymétrique qui présente la croyance correcte comme surgissant indiscutablement de la preuve expérimentale et la croyance incorrecte comme l'effet de facteurs personnels, sociaux et généralement non-scientifiques, se retrouve dans les études sur la science (qui s'appuient surtout, le plus souvent, sur les comptes rendus formels).

Ce que la sociologie met au jour est en fait connu et appartient même à l'ordre du *« common knowledge »*, comme disent les économistes. Le discours privé sur le côté privé de la recherche est comme fait pour rappeler à la modestie le sociologue qui serait tenté de croire qu'il découvre « les dessous » de la science et il doit en tout cas être traité avec beaucoup de réflexion et de délicatesse. Il faudrait déployer des trésors de phénoménologie raffinée pour analyser ces phénomènes de double-conscience, associant et combinant, comme toutes les formes de *mauvaise foi* (au sens sartrien) ou de *self-deception*, savoir et refus de savoir, savoir et refus de savoir qu'on sait, savoir et refus que d'autres disent ce que l'on sait ou, pire, que l'on sait. (Il faudrait en dire autant des « stratégies » de carrière et, par exemple, des choix de spécialité ou d'objet, qui ne peuvent être décrits selon les alternatives ordinaires de la conscience et de l'inconscience, du calcul et de l'innocence.) Tous ces jeux de la mauvaise foi individuelle ne sont possibles que dans une complicité profonde avec un groupe de savants.

Mais je voudrais évoquer plus en détail le dernier chapitre, intitulé : *Joking Apart*. Les auteurs remarquent que, quand ils entrent dans des laboratoires, il découvrent, souvent épinglés aux murs, des textes bizarres, comme un *Dictionary of useful research phrases* qui circulent de labo en labo et ils évoquent le discours ironique et parodique à propos du discours scientifique que produisent les savants eux-mêmes : *Post-prandial proceedings of the Cavendish Physical*

Society, Journal of Jocular Physics, Journal of Irreproducible Results, Revue of Unclear Physics.

Sur le modèle des listes de « dire…, ne pas dire » des manuels de langage, les auteurs dressent un tableau comparatif confrontant deux versions de l'action, celle qui a été produite pour la présentation formelle, et le compte rendu informel de ce qui s'est réellement passé. D'un côté « ce qu'il a écrit » *(What he wrote)*, de l'autre, « ce qu'il avait en tête » *(What he meant)* (Gilbert et Mulkay, 1984: 176):

1. *On sait depuis longtemps… // Je n'ai pas pris la peine de chercher la référence.*

2. *Bien qu'il n'ait pas été possible de donner des réponses définitives à ces questions… // L'expérience n'a pas marché, mais j'ai pensé que je pourrais au moins en tirer une publication.*

3. *Trois des échantillons ont été choisis pour une étude détaillée… // Les résultats des autres n'avaient aucun sens et ont été ignorés.*

4. *Endommagé accidentellement pendant le montage… // Tombé sur le sol.*

5. *D'une grande importance théorique et pratique… // Intéressant pour moi.*

6. *On suggère que… On sait que… Il semble… // Je pense.*

7. *On croit généralement que… // D'autres types le pensent aussi.*

Ce tableau produit un effet d'humour en faisant apparaître l'hypocrisie de la littérature formelle. Mais la double vérité de l'expérience que les agents peuvent avoir de leur propre pratique a quelque chose d'universel. On connaît la vérité de ce que l'on fait (par exemple le caractère plus ou moins arbitraire ou en tout cas contingent des raisons ou des causes qui déterminent une décision judiciaire), mais pour être en règle avec l'idée officielle de ce que l'on fait, ou avec l'idée que l'on a de soi, il faut que cette décision paraisse avoir été motivée par des raisons et des raisons aussi élevées (et juridiques) que possible. Le discours formel est hypocrite, mais la propension au « radicalisme chic » porte à oublier que les deux vérités coexistent, plus ou moins difficilement, chez les agents eux-mêmes (c'est une vérité que j'ai eu beaucoup de peine à apprendre et que j'ai apprise, paradoxalement, grâce aux Kabyles, peut-être parce qu'il est plus facile de comprendre les hypocrisies collectives des autres que les siennes). Parmi les forces qui soutiennent les règles sociales, il y a cet impératif de *régularisation*, manifeste dans le fait de « se mettre en règle », qui conduit à présenter comme accomplies conformément à la règle des pratiques qui peuvent être en transgression complète de la règle, parce que l'essentiel est de sauver la règle (et c'est à ce titre que le groupe approuve et respecte cette hypocrisie collective). Il s'agit en effet de sauver les intérêts particuliers du savant particulier qui a cassé sa pipette ; mais aussi, et du même coup, de sauver la croyance collective dans la science qui fait que, bien que tout le monde sache que ça ne se passe pas comme on dit que ça se passe, tout le monde fait comme si ça se passait comme ça. Ce qui pose le problème, très général, de la fonction ou de l'effet de la sociologie qui, en beaucoup de cas, rend publiques des choses « déniées » que les groupes savent et « ne veulent pas savoir ».

On serait donc tenté de ratifier le constat qui me paraît, pour l'essentiel, assez peu discutable, de Gilbert et Mulkay, ou de Peter Medawar, s'il n'était associé, le plus souvent, à une philosophie de l'action (et une vision cynique de la pratique) qui trouvera son accomplissement dans la plupart des travaux consacrés à la « vie de laboratoire ». Ainsi par exemple, s'il est sans doute vrai que, comme le dit Karin Knorr, le laboratoire est un lieu où des actions sont accomplies avec le souci de « faire marcher les choses » (« La formulation vernaculaire de *"making things work"* suggère une contingence des résultats à propos de la production : "faire marcher" entraîne une sélection de ces "effets" qui peuvent être ramenés à un ensemble de contingences rationnelles en ignorant les tentatives qui contredisent les effets.»), on ne peut pour autant accepter l'idée qu'elle exprime dans la phrase que j'ai citée tout à l'heure et où elle glisse de l'affirmation, qui est au centre de mon premier article, du caractère *inséparablement scientifique et social* des stratégies des chercheurs, à l'affirmation d'une construction symbolique *et politique* fondée sur des « *techniques de persuasion* » et des « *stratagèmes* » tournés vers la formation d'alliances. Les « stratégies » à la fois scientifiques et sociales de l'habitus scientifique sont pensées et traitées comme *stratagèmes conscients*, pour ne pas dire *cyniques*, orientés vers la gloire du chercheur.

Mais je dois en venir maintenant, pour finir, à une branche de la socio-philosophie de la science qui s'est développée surtout en France, mais qui a connu un certain succès sur les campus des universités anglo-saxonnes, je veux parler des travaux de Latour et Woolgar et, en particulier de *Laboratory Life*, qui donne une image grossie de tous les travers de la nouvelle sociologie de la science (Latour et Woolgar, 1979). Ce courant est très fortement marqué par les conditions historiques, en sorte que je crains d'avoir beaucoup de mal à distinguer, comme je l'ai fait pour les courants précédents, le moment de l'analyse des thèses considérées et le moment de l'analyse des conditions sociales de leur production. [Par exemple, dans un « résumé » qui se veut bienveillant du livre de Latour et Woolgar, *Laboratory Life*, on lit : « Le laboratoire manipule des inscriptions (par référence à Derrida), des énoncés (par référence à Foucault); des constructions qui font les réalités qu'elles évoquent. Ces constructions s'imposent par la négociation des petits groupes de chercheurs concernés. La vérification *(assay)* est auto-vérification ; elle crée sa propre vérité ; elle est auto-vérifiante parce qu'il n'y a rien pour la vérifier. *Laboratory Life* décrit le processus de vérification comme un processus de négociation ».]

On pose que les produits de la science sont le résultat d'un processus de fabrication et que le laboratoire, lui-même un univers artificiel, coupé du monde de mille façons, physiquement, socialement, et aussi par le capital d'instruments qu'on y manipule, est le lieu de la construction, voire de la « création » des phénomènes grâce auxquels nous élaborons

et testons des théories et qui n'existeraient pas sans l'équipement instrumental du laboratoire. « La réalité artificielle que
les participants décrivent comme une entité objective a en
fait été construite ».

À partir de ce constat qui, pour un familier de Bachelard,
n'a rien de renversant, on peut, en jouant sur les mots ou en
laissant jouer les mots, passer à des propositions d'allure radi-
cales (propres à faire de grands effets, surtout sur des campus
d'Outre-Atlantique dominés par la vision logiciste-positi-
viste). En disant que les faits sont artificiels au sens de fabriqués, Latour et Woolgar laissent entendre qu'ils sont fictifs,
pas objectifs, pas authentiques. Le succès de leur propos
résulte de « l'effet de radicalité », comme dit Yves Gingras
(2000), qui naît de ce glissement suggéré et encouragé par un
habile usage de concepts amphibologiques. La stratégie de
passage à la limite est un des ressorts privilégiés de la recherche
de cet effet (je pense à l'usage qui, dans les années 1970, a été
fait de la thèse illitchienne de l'abolition de l'école pour combattre la description de l'effet reproducteur de l'école); mais
elle peut conduire à des positions intenables, insoutenables,
parce que tout simplement absurdes. D'où une stratégie
typique, celle qui consiste à avancer une position très radicale
(du type : le fait scientifique est une construction ou – glissement – une fabrication, donc un artefact, une fiction) pour
battre ensuite en retraite, devant la critique, en se repliant sur
des banalités, c'est-à-dire vers la face la plus ordinaire de
notions amphibologiques comme construction, etc.

Mais pour produire cet effet de « déréalisation », on ne se contente pas de mettre l'accent sur le contraste entre le caractère improvisé des pratiques réelles dans le laboratoire et le raisonnement expérimental tel qu'il est rationnellement reconstruit dans les textbooks et les rapports de recherche. Latour et Woolgar mettent en évidence le rôle très important qui, dans le travail de *fabrication des faits comme fiction,* incombe aux *textes.* Ils arguent que les chercheurs qu'ils ont observés pendant leur ethnographie du Salk Institute n'avaient pas pour objet les choses en elles-mêmes, mais des « inscriptions littéraires » produites par des techniciens travaillant avec des instruments d'enregistrement : « Entre les savants et le chaos il n'y a qu'un mur d'archives, d'étiquettes, de livres de protocoles, de figures et de papiers ». « En dépit du fait que les chercheurs croyaient que les inscriptions pouvaient être des représentations ou des indicateurs de quelque entité dotée d'une existence indépendante "au dehors", nous avons argué que de telles entités sont constituées seulement à travers l'usage de ces inscriptions ». Bref, la croyance naïvement réaliste des chercheurs en une réalité extérieure au laboratoire est une pure illusion dont seule peut les débarrasser une sociologie réaliste.

Une fois que le produit final s'est élaboré dans la circulation, les étapes intermédiaires qui l'ont rendu possible, et en particulier le vaste réseau de négociations et de machinations qui ont été au principe de l'acceptation d'un fait, sont oubliées, du fait notamment que le chercheur efface derrière lui les traces de son travail. Les faits scientifiques étant construits, communiqués et évalués sous la forme de propositions écrites, le travail scientifique est pour l'essentiel une activité littéraire et interprétative : « Un fait n'est pas autre chose qu'une proposition *(statement)* sans modalité – M – et sans trace d'auteur » ; le travail de circulation va conduire à effacer les modalités, c'est-à-dire les indicateurs de référence temporelle ou locale (par exemple « ces données *peuvent* indiquer que...» « je crois que cette expérience montre que...»), bref, toutes les expressions indexicales. Le chercheur doit reconstruire le processus de consécration-universalisation par lequel le fait vient peu à peu à être reconnu comme tel, les publications, les réseaux de citations, les disputes entre laboratoires rivaux et les négociations entre membres d'un groupe de recherche (c'est-à-dire par exemple les conditions sociales dans lesquelles le facteur hormonal, TRF, est débarrassé de toutes les qualifications conflictuelles); il doit décrire « comment un jugement a été transformé en un fait et, par là, libéré des conditions de sa production » (qui sont désormais oubliées et du producteur et des récepteurs).

Latour et Woolgar entendent se placer au point de vue d'un observateur qui voit ce qui se passe dans le laboratoire sans adhérer aux croyances des chercheurs. Faisant de nécessité vertu, ils décrivent ce qui leur paraît intelligible dans le laboratoire : les traces, les textes, les conversations, les rituels, et le matériel étrange (un des grands moments de ce travail est ainsi la description « naïve » d'un instrument simple, une pipette… – Woolgar, 1988b : 85). Ils peuvent ainsi traiter la science naturelle comme une activité litté-raire, et recourir, pour décrire et interpréter cette circulation des produits scientifiques, à un modèle sémiologique (celui de A. J. Greimas). Ils attribuent le statut privilégié qui est accordé aux sciences naturelles, non à la validité particulière de leurs découvertes, mais à l'équipement coûteux et aux stratégies institutionnelles qui transforment les éléments naturels en textes pratiquement inattaquables, l'auteur, la théorie, la nature et le public étant autant d'effets de texte.

La *vision sémiologique du monde* qui les porte à mettre l'accent sur les traces et les signes les conduit à cette forme paradigmatique du biais scolastique qu'est le *textisme*, qui constitue la réalité sociale comme texte (à la façon des ethnologues, comme Marcus (1986) ou même Geertz, ou des historiens, avec le *linguistic turn*, qui, à la même époque, ont commencé à dire que tout est texte). La science ne serait ainsi qu'un discours ou une fiction parmi d'autres mais capable d'exercer un « *effet de vérité* » produit, comme tous les autres effets littéraires, à partir de caractéristiques textuelles comme le temps des verbes, la structure des énon-cés, les modalités, etc. (l'absence de toute tentative de pro-sopographie condamne à chercher le pouvoir des textes dans les textes eux-mêmes). L'univers de la science est un monde qui parvient à imposer universellement la croyance dans ses fictions.

Le parti-pris sémiologiste ne se voit jamais aussi bien que dans *The Pasteurization of France* (Latour, 1988), où Latour traite Pasteur comme un signifiant textuel inséré dans une histoire qui tisse ensemble un réseau hétérogène d'instances et d'entités, la vie quotidienne à la ferme, les pratiques sexuelles et l'hygiène personnelle, l'architecture et le régime thérapeutique de la clinique, les conditions sanitaires dans la ville et les entités microscopiques rencontrées dans le laboratoire, bref tout un monde de représentations que Pasteur construit et par lequel il se produit comme le savant éminent. [Je voudrais, en quelque sorte a contrario, mentionner ici un travail qui, en s'appuyant sur une lecture minutieuse d'une bonne partie des « laboratory notebooks » de Pasteur, donne une vue réaliste et bien informée, mais sans déploiement ostentatoire d'effets théoriques gratuits, de l'entreprise et aussi du « mythe » (chapitre 10) pasteuriens : G.L. Geison, *The Private Science of Louis Pasteur* (1995).]

Le sémiologisme se combine avec une vision naïvement machiavélienne des stratégies des savants : les actions symboliques que ces derniers mènent pour faire reconnaître leurs « fictions » sont en même temps des stratégies d'influence et de pouvoir par lesquelles ils servent leur propre grandeur. Il s'agit ainsi de comprendre comment un homme nommé Pasteur a construit des alliances et fait du prosélytisme pour imposer un programme de recherche. Avec toute l'ambiguïté résultant du fait de traiter des entités sémiologiques comme des descripteurs socio-historiques, Latour traite Pasteur comme une sorte d'entité sémiologique qui agit historiquement, et qui agit comme agit un capitaliste quelconque (on pourra lire dans cette perspective l'entretien intitulé « Le dernier des capitalistes sauvages » (Latour, 1983) où Latour s'efforce de montrer que le savant conscient de ses intérêts symboliques serait la forme la plus accomplie de l'entrepreneur capitaliste dont toutes les actions sont orientées par la recherche de la maximisation du profit). Faute de chercher le principe des actions là où il est vraiment, c'est-à-dire dans les positions et dans les dispositions, Latour ne peut le trouver que dans des straté-gies conscientes (voire cyniques) d'influence et de pouvoir (régressant ainsi d'un finalisme des collectifs à la Merton, à un finalisme des agents individuels). Et la science de la science se trouve réduite à la description des alliances et des luttes pour le « crédit » symbolique.

S'étant vu accuser par les défenseurs du « programme fort » de faire de la désinformation et d'utiliser des stratégies scientifiquement déloyales, Latour qui, par tout le reste de son œuvre, apparaît comme un constructiviste radical, s'est fait tout récemment le défenseur du réalisme en invoquant le rôle social qu'il donne aux objets, et en particulier aux objets manufacturés, dans l'analyse du monde scientifique. Il ne propose rien moins que de récuser la distinction entre les agents (ou les forces) humains et les agents non-humains. Mais l'exemple le plus étonnant est celui de la porte et de la fermeture automatique de porte, appelée en français un groom, par analogie avec l'ancien groom humain, que

Latour, dans un article intitulé « Where are the missing Masses ? » (1993), invoque en vue de trouver dans les choses les contraintes qui manquent (les « masses manquantes », référence scientifique chic) dans l'analyse ordinaire de l'ordre politique et social. Quoiqu'il s'agisse d'objets mécaniques, les portes et les objets techniques agissent comme des contraintes constantes sur notre comportement et les effets de l'intervention de ces « actants » sont indiscernables de ceux qu'exerce un contrôle moral ou normatif : une porte nous permet de passer seulement en un certain lieu du mur et à une certaine vitesse ; un policier de carton règle le trafic comme un policier réel, mon ordinateur de bureau m'oblige à écrire des instructions à son intention dans une forme syntactique déterminée. Les *missing masses* (analogues à celles qui expliquent la valeur du taux d'expansion de l'univers ! – ni plus ni moins...) résident dans les choses techniques qui nous entourent. Nous leur déléguons un statut d'acteurs en même temps que du pouvoir. S'agissant de comprendre ces objets techniques et leur pouvoir, est-ce qu'il faut faire la science technique de leur fonctionnement ? (C'est sans doute plus facile pour une porte ou une pipette que pour un cyclotron...) Si ce n'est pas le cas, quelle méthode faut-il employer pour découvrir le fait de la « délégation » et ce qui est délégué à ces fameux « actants » ? Il suffit de recourir à la méthode, chère aux économistes, des « hypothèses contrefactuelles » et, s'agissant de comprendre le pouvoir des portes, d'imaginer comment ce serait si elles n'étaient pas là. On fait une comptabilité en partie double : d'un côté, ce qu'il faudrait faire s'il n'y avait pas de porte ; de l'autre l'effort léger pour tirer ou pousser qui permet d'accomplir les mêmes tâches. Donc, on transforme un grand effort en un plus petit et c'est l'opération ainsi mise au jour par l'analyste que Latour propose d'appeler déplacement ou translation ou délégation : « nous avons délégué aux gonds le travail de réversibilité qui résout le dilemme du trou dans le mur ». Et pour finir, on aboutit à une loi générale : « chaque fois que vous voulez savoir ce qu'un non-humain fait, imaginez simplement ce que d'autres humains ou d'autres non-humains devraient faire si ce personnage n'était pas présent ». L'imagination (scientifique) est au pouvoir. On a fait disparaître la différence triviale entre les agents humains et les agents non humains (le groom tient lieu d'une personne et façonne l'action humaine en prescrivant qui doit passer la porte) et on peut disserter librement sur la manière dont nous déléguons du pouvoir aux objets techniques... (Je sais qu'il y a dans la salle de jeunes auditeurs qui viennent de l'hypokhâgne voisine : voilà une histoire qui, pour une fois, pourra entrer directement dans leurs « disserts » et y produire un certain effet ; c'est un retour à la khâgne départ...). J'aurais pu, pour montrer que ce qui pourrait apparaître comme un simple jeu littéraire est en fait l'expression d'un véritable parti « méthodologique » d'« École », évoquer aussi Michel Callon (1986) qui, dans son étude sur les coquilles Saint-Jacques, met sur le même plan les pêcheurs, les coquilles Saint-Jacques, les mouettes, le vent, en tant qu'éléments d'un « système d'actants ». Mais je m'en tiendrai là.

[Je ne puis pas m'empêcher d'éprouver ici un sentiment de malaise devant ce que je viens de faire : d'une part, je ne voudrais pas accorder à cette œuvre l'importance qu'elle s'accorde et risquer même de contribuer malgré moi à la faire valoir en poussant l'analyse critique au-delà de ce que ce genre de texte mérite, et je crois néanmoins qu'il est bon qu'il y ait des gens qui, comme Jacques Bouveresse (1999) l'a fait à propos de Debray ou Gingras (1995) à propos du même Latour, acceptent de dépenser du temps et de l'énergie pour débarrasser la science des effets funestes de l'*hubris* philosophique ; mais d'autre part, j'ai à l'esprit un très bel article de Jane Tompkins (1988), qui décrit la logique de la *« righteous wrath »*, – que l'on pourrait traduire par « la sainte colère » –, c'est-à-dire le « sentiment de suprême rectitude » *(sentiment of supreme righteousness)* du héros de western qui, d'abord « injustement maltraité » *(unduly victimized)*, peut être amené à faire « contre les méchants *(against the vilains)* ce que, quelques instants plus tôt, les méchants avaient fait contre lui » *(things which a short while ago only the villains did)* : dans le monde acadé-mique ou scientifique, ce sentiment peut conduire celui qui se sent investi d'une mission de justicier à une « violence sans effusion de sang » *(blood-less violence)* qui, bien qu'elle reste dans les limites de la bienséance aca-démique, s'inspire d'un sentiment tout à fait identique à celui qui condui-sait le héros de western à se faire justice lui-même. Et Jane Tompkins remarque que cette fureur légitime peut amener à se sentir justifié d'atta-quer non seulement les défauts ou les fautes d'un texte, mais les proprié-tés les plus personnelles de la personne. Et je ne cache pas qu'ici même, à travers le discours d'importance (dont une part essentielle est consacrée à dire l'importance du discours – je renvoie ici à l'analyse que j'ai faite de la rhétorique d'Althusser-Balibar – 2001b), ses formules incantatoires et auto-légitimatrices (on se proclame « radical », « contre-intuitif », « nouveau »), son ton péremptoire (il faut être renversant), je visais les dispositions associées statistiquement à certaine origine sociale (il est certain que les dispositions à l'arrogance, au bluff, voire à l'imposture, à la recherche de l'effet de radicalité, etc. ne sont pas également distribuées entre les chercheurs selon leur origine sociale, leur sexe, ou, mieux, selon leur sexe et leur origine sociale). Et je ne pouvais m'empêcher de suggérer que si cette rhétorique a pu connaître un succès social disproportionné avec ses mérites, c'est peut-être parce que la sociologie de la science occupe une position très spéciale dans la sociologie, à la frontière floue entre la sociologie et la philosophie, en sorte que l'on peut y faire l'économie d'une véritable rupture avec la philosophie et avec tous les profits sociaux associés au fait de se dire philosophe sur certains marchés – rupture longue et coûteuse, qui suppose l'acquisition, difficile, d'instruments techniques et beaucoup d'investissements ingrats dans des activités considérées comme inférieures, voire indignes. Ces dispositions socialement constituées à l'audace et à la rupture qui, dans des champs scientifiques plus capables d'imposer leurs contrôles et leurs censures, auraient eu à se tempérer et à se sublimer, ont trouvé là un terrain qui leur a permis de s'exprimer sans fard et sans frein. Cela dit, le sentiment de *righteouness* qui pouvait inspirer ma « sainte colère » trouve à mes yeux son fondement dans le fait que ces gens, qui refusent souvent le nom et le contrat de sociologues sans être vraiment capables de se soumettre aux contraintes de la rigueur philosophique, peuvent avoir du succès auprès des nouveaux entrants et retarder le progrès de la recherche en semant à tous vents des faux problèmes qui font perdre beaucoup de temps, globalement, en engageant les uns dans des impasses, et les autres, qui auraient mieux à faire, dans un travail de critique, souvent un peu désespéré, tant sont puissants les mécanismes sociaux propres à soutenir l'erreur. Je pense notamment à l'*allodoxia*, cette erreur sur l'identité des personnes et des idées qui sévit tout spécialement à propos de tous ceux qui occupent ces régions incertaines entre la philosophie et les sciences sociales (et aussi le journalisme), et qui, situés de part et d'autre de la frontière, juste à l'extérieur, comme Régis Debray, avec ses métaphores scientifiques mimant les signes extérieurs de la scientificité (le théorème de Gödel, qui a provoqué la « sainte colère » de Jacques Bouveresse), son label pseudo-scientifique, « la médiologie », soit juste à l'intérieur, comme nos sociologues-philosophes de la science, qui sont particulièrement habiles et particulièrement bien placés pour inspirer une croyance abusée, *allodoxia*, en jouant de tous les double-jeux, garants de tous les doubles profits que permet d'assurer la combinaison de plusieurs lexiques d'autorité et d'importance, dont celui de la philosophie et celui de la science.].

2

UN MONDE À PART

Un des points centraux par lequel je me sépare de toutes les analyses que j'ai évoquées, c'est le concept de champ qui met l'accent sur les *structures* qui orientent les pratiques scientifiques et dont l'efficacité s'exerce à l'échelle micro-sociologique où se situent la plupart des travaux que j'ai critiqués, et en particulier les études de laboratoire. On peut, pour faire sentir les limites de ces études, les rapprocher de ce qu'étaient, dans un tout autre domaine, les monographies de village (et même une bonne partie des travaux ethnologiques) qui prenaient pour objet des micro-unités sociales supposées autonomes (quand on se posait la question), des univers isolés et circonscrits qu'on pensait plus faciles à étudier parce que les données se présentaient en quelque sorte toutes préparées à cette échelle (avec les recensements, les cadastres, etc.). Le laboratoire, petit univers clos et séparé, proposant des protocoles tout préparés pour l'analyse, des carnets de laboratoire, des archives, etc., semble, de la même façon, appeler une telle approche monographique et idiographique.

Or, on voit d'emblée que le laboratoire est un microcosme social qui est lui-même situé dans un espace comportant d'autres laboratoires constitutifs d'une discipline (elle-même située dans un espace, lui aussi hiérarchisé, des disciplines) et qui doit une part très importante de ses propriétés à la position qu'il occupe dans cet espace. Ignorer cette série d'emboîtements structuraux, ignorer cette position (relationnelle) et les effets de position corrélatifs, c'est s'exposer, comme dans le cas de la monographie de village, à chercher dans le laboratoire des principes explicatifs qui sont à l'extérieur, dans la structure de l'espace à l'intérieur duquel celui-ci est inséré. Seule une théorie globale de l'espace scientifique, comme espace structuré selon des logiques à la fois génériques et spécifiques, permet de comprendre vraiment tel ou tel point de cet espace, laboratoire ou chercheur singulier.

La notion de champ marque une première rupture avec la vision interactionniste en ce qu'elle prend acte de l'existence de cette structure de relations objectives entre les laboratoires et entre les chercheurs qui commande ou oriente les pratiques ; elle opère une seconde rupture, en ce que la vision relationnelle ou structurale qu'elle introduit s'associe à une philosophie dispositionnaliste de l'action, qui rompt avec le finalisme, corrélatif d'un intentionalisme naïf, selon lequel les agents – dans le cas particulier les chercheurs – seraient des calculateurs rationnels à la recherche moins de la vérité que des profits sociaux assurés à ceux qui paraissent l'avoir découverte.

Dans un article ancien (1975a), j'avais proposé l'idée que le champ scientifique, comme d'autres champs, est un champ de forces doté d'une structure, et aussi un champ de luttes pour conserver ou transformer ce champ de forces. La première partie de la définition (champ de forces) correspond au moment physicaliste de la sociologie conçue comme physique sociale. Les agents, savants isolés, équipes ou laboratoires, créent, par leurs relations, l'espace même qui les détermine, bien qu'il n'existe que par les agents qui s'y trouvent placés et qui, pour parler comme la physique, « déforment l'espace à leur voisinage », lui conférant une certaine structure. C'est dans la relation entre les différents agents (conçus comme « sources de champ ») que s'engendrent le champ et les rapports de force qui le caractérisent (rapport de forces spécifique, proprement symbolique, étant donné la « nature » de la force capable de s'exercer dans ce champ, le capital scientifique, espèce de capital symbolique qui agit dans et par la communication). Plus précisément, ce sont les agents, c'est-à-dire les savants isolés, les équipes ou les laboratoires, définis par le volume et la structure du capital spécifique qu'ils possèdent, qui déterminent la structure du champ qui les détermine, c'est-à-dire l'état des forces qui s'exercent sur la production scientifique, sur les pratiques des savants. Le poids associé à un agent, qui subit le champ en même temps qu'il contribue à le structurer, dépend de tous les autres agents, de tous les autres points de l'espace et des rapports entre tous les points, c'est-à-dire de tout l'espace (ceux qui connaissent les principes de l'analyse des correspondances multiples saisiront là l'affinité entre cette méthode d'analyse mathématique et la pensée en termes de champ).

La force attachée à un agent dépend de ses différents atouts, facteurs différentiels de succès qui peuvent lui assurer un avantage dans la concurrence, c'est-à-dire, plus précisément, du volume et de la structure du capital de différentes espèces qu'il possède. Le capital scientifique est une espèce particulière de capital symbolique, capital fondé sur la connaissance et la reconnaissance. Pouvoir qui fonctionne comme une forme de crédit, il suppose la confiance ou la croyance de ceux qui le subissent parce qu'il sont disposés (par leur formation et par le fait même de l'appartenance au champ) à accorder crédit, croyance. La structure de la distribution du capital détermine la structure du champ, c'est-à-dire les rapports de force entre les agents scientifiques : la maîtrise d'une quantité (donc d'une part) importante de capital confère un pouvoir sur le champ, donc sur les agents moins dotés (relativement) en capital (et sur le droit d'entrée dans le champ) et commande la distribution des chances de profit.

La structure du champ, définie par la distribution inégale du capital, c'est-à-dire des armes ou des atouts spécifiques, pèse, en dehors même de toute interaction directe, intervention ou manipulation, sur l'ensemble des agents, restreignant plus ou moins l'espace des possibles qui leur est ouvert selon qu'ils sont plus ou moins bien placés dans le champ, c'est-à-dire dans cette distribution. Le dominant est celui qui occupe dans la structure une place telle que la structure agit en sa faveur. [Ces principes très généraux – qui valent aussi dans d'autres champs, celui de l'économie par exemple – permettent de comprendre les phénomènes de communication et de circulation dont le champ scientifique est le lieu et dont une interprétation purement « sémiologique » ne peut rendre compte complètement. Une des vertus de la notion de champ est de donner à la fois des principes de compréhension généraux d'univers sociaux de la forme champ et de contraindre à poser des questions sur la spécificité que revêtent ces principes généraux dans chaque cas particulier. Les questions que je vais poser et me poser à propos du champ scientifique seront de deux types : il s'agira de se demander si l'on y retrouve les propriétés générales des champs ; et d'autre part si cet univers particulier a une logique spécifique, liée à ses fins spécifiques et aux caractéristiques spécifiques des jeux qui s'y jouent. La théorie du champ oriente et commande la recherche empirique. Elle l'oblige à se poser la question de savoir à quoi on joue dans ce champ (cela, sur la seule base de l'expérience, donc en s'exposant la plupart du temps à tomber dans une variante positive du cercle herméneutique), quels sont les enjeux, les biens ou les propriétés recherchées et distribuées ou redistribuées, et comment elles se distribuent, quels sont les instruments ou les armes qu'il faut avoir pour jouer avec des chances de gagner et quelle est, à chaque moment du jeu, la structure de la distribution des biens, des gains et des atouts, c'est-à-dire du capital spécifique (la notion de champ est, on le voit, un système de questions qui chaque fois se spécifient).]

On peut en venir maintenant au deuxième moment de la définition, c'est-à-dire au champ comme champ de luttes, comme champ d'action socialement construit où les agents dotés de ressources différentes s'affrontent pour conserver ou transformer les rapports de force en vigueur. Les agents y engagent des actions qui dépendent, dans leurs fins, leurs moyens et leur efficacité, de leur position dans le champ de forces, c'est-à-dire de leur position dans la structure de la distribution du capital. Chaque acte scientifique est, comme toute pratique, le produit de la rencontre entre deux histoires, une histoire incorporée sous forme de dispositions et une histoire objectivée dans la structure même du champ et dans des objets techniques (des instruments), des écrits, etc. La spécificité du champ scientifique tient pour une part au fait que la quantité d'histoire accumulée est sans doute particulièrement importante, grâce notamment à la « conservation » des acquis sous une forme particulièrement économique, avec par exemple la mise en forme et en formules ou sous les espèces d'un trésor, lentement accumulé, de gestes calibrés et d'aptitudes routinisées. Loin de se déployer en face d'univers sans pesanteur ni inertie, où elles pourraient se développer à loisir, les stratégies des chercheurs sont orientées par les contraintes et les possibilités objectives qui sont inscrites dans leur position et par la représentation (elle-même liée à leur position) qu'ils peuvent se faire de leur position et de celle de leurs concurrents, en fonction de leur information et de leurs structures cognitives.

La marge de liberté laissée aux stratégies dépendra de la structure du champ, caractérisée par exemple par un degré plus ou moins élevé de concentration du capital (qui peut varier depuis le quasi monopole – dont j'ai analysé un exemple l'an passé à propos de l'Académie des beaux-arts au temps de Manet – jusqu'à une distribution à peu près égale entre tous les concurrents); mais elle s'organisera toujours autour de l'opposition principale entre les dominants (que les économistes appellent parfois *first movers*, disant bien la part d'initiative qui leur est laissée) et les dominés, les *challengers*. Les premiers sont en mesure d'imposer, souvent sans rien faire pour cela, la représentation de la science la plus favorable à leurs intérêts, c'est-à-dire la manière « convenable », légitime, de jouer et les règles du jeu, donc de la participation au jeu. Ils ont partie liée avec l'état établi du champ et ils sont les défenseurs attitrés de la « science normale » du moment. Ils détiennent des avantages décisifs dans la compétition, entre autres raisons parce qu'ils constituent un point de référence obligé pour leurs concurrents qui, quoi qu'ils fassent ou qu'ils veuillent, sont sommés de prendre position par rapport à eux, activement ou passivement. Les menaces que les challengers font peser sur eux les obligent à une vigilance constante et ils ne peuvent maintenir leur position que par une innovation permanente.

Les stratégies et leurs chances de succès dépendent de la position occupée dans la structure. Et l'on peut se demander comment sont possibles de véritables transformations du champ étant donné que les forces du champ tendent à renforcer les positions dominantes, – en suggérant seulement que, comme dans le domaine de l'économie, les changements à l'intérieur d'un champ sont souvent déterminés par des redéfinitions des frontières entre les champs, liées (comme cause ou comme effet) à l'irruption de nouveaux entrants pourvus de ressources nouvelles. Ce qui explique que les frontières du champ sont à peu près toujours des enjeux de lutte au sein du champ. (Je donnerai par la suite des exemples de « révolutions » scientifiques liées au passage d'une discipline à une autre).

Je ne veux pas finir ce rappel de schèmes théoriques sans dire que le laboratoire lui-même est un champ (un sous-champ) qui, s'il est défini par une position déterminée dans la structure du champ disciplinaire pris dans son ensemble, dispose d'une autonomie relative par rapport aux contraintes associées à cette position. En tant qu'espace de jeu spécifique, il contribue à déterminer les stratégies des agents, c'est-à-dire les possibilités et les impossibilités offertes à leurs dispositions. Les stratégies de recherche dépendent de la position occupée dans le sous-champ que constitue le laboratoire, c'est-à-dire, une fois encore, de la position de chaque chercheur dans la structure de la distribution du capital sous ses deux espèces, proprement scientifique et administratif.

C'est ce que montre remarquablement Terry Shinn (1988) dans son analyse de la division du travail dans un laboratoire de physique ou ce que laisse transparaître la description que Heilbron et Seidel (1989) font du laboratoire de physique de Berkeley, avec l'opposition entre Oppenheimer et Lawrence.

Les études de laboratoire ont eu tendance à oublier l'effet de la position du laboratoire dans une structure ; mais il y a par ailleurs un effet de la position dans la structure du laboratoire dont le livre de Heilbron et Seidel (1989) donne un exemple typique avec l'histoire d'un personnage nommé Jean Thibaud : ce jeune physicien du laboratoire de Louis de Broglie invente la méthode du cyclotron rendant possible l'accélération des protons avec une petite machine mais il n'a pas les moyens suffisants pour développer son projet et surtout « il n'avait pas quelqu'un comme Lawrence pour le soutenir », c'est-à-dire la structure d'entreprise et le chef d'entreprise qu'était Lawrence, personnage bidimensionnel, doté d'une autorité à la fois scientifique et administrative, capable de créer la croyance, la conviction, et d'assurer le soutien social de la croyance, par exemple en s'assurant des postes pour les jeunes chercheurs.

Ce bref rappel m'a paru nécessaire, entre autres raisons parce que mon article a fait l'objet de nombreux emprunts, déclarés ou dissimulés – une des manières les plus habiles de cacher ces emprunts consistant à les accompagner de la critique d'un texte imaginaire auquel on peut parfois opposer cela même que le texte critiqué proposait. Je ne donnerai qu'un exemple, celui de Karin Knorr-Cetina, une des premières à s'inspirer de mon article qu'elle citait, à l'origine, très chaleureusement, puis de manière de plus en plus distante, jusqu'à la critique que je vais analyser et où il ne reste à peu près rien ni de ce que je disais, ni de ce qu'elle paraissait en avoir compris : elle reproche au modèle que je propose d'être « dangereusement proche de celui de l'économie classique » et, plus royaliste que le roi, de ne pas comporter de théorie de l'exploitation, par ignorance de la distinction entre *scientists capitalists and scientists workers* ; de faire de l'agent « un maximiseur conscient de profits », faute de savoir « que les résultats ne sont pas consciemment calculés » (dans un texte plus ancien, elle disait exactement le contraire et invoquait l'habitus). Enfin, elle pense qu'il ne faut voir rien de plus qu'une « substitution de termes » dans l'emploi de capital symbolique au lieu de *« recognition »* (Knorr-Cetina et Mulkay, 1983). [Cette critique s'inscrit dans le cadre d'un recueil de textes, produit typique d'une opération académico-éditoriale visant à donner de la visibilité à un ensemble d'auteurs de même obédience théorique : ces *non books*, comme disent si bien les Américains, au nombre desquels il faut aussi ranger les manuels, ont une fonction sociale éminente ; ils canonisent – un autre nom est « morceaux choisis » –, ils catégorisent, distinguant les subjectivistes et les objectivistes, les individualistes et les holistes, distinctions structurantes, génératrices de (faux) problèmes. Il faudrait analyser l'ensemble des instruments de connaissance, de concentration et d'accumulation du savoir qui, étant

aussi des instruments d'accumulation et de concentration du capital académique, orientent la connaissance en fonction de considérations (ou de
stratégies) de pouvoir académique, de contrôle de la science, etc. Ainsi les
dictionnaires – de la sociologie, de l'ethnologie, de la philosophie, etc. –,
sont souvent des coups de force dans la mesure où ils permettent de légi-
férer en faisant mine de décrire ; instruments de construction de la réalité
qu'ils feignent d'enregistrer, ils peuvent faire exister des auteurs ou des
concepts qui n'existent pas, passer sous silence des concepts ou des
auteurs qui existent, etc. On oublie souvent qu'une part très importante
des sources des historiens est le produit d'un tel travail de construction.]

Si je me suis un peu (trop) étendu sur ce commentaire
assez caricatural, c'est parce que j'ai pu ainsi mettre au jour
quelques traits de la vie de la science telle qu'elle se vit dans
des univers où l'on peut manifester un très haut degré
d'incompréhension des travaux concurrents sans être du
même coup déconsidéré ; c'est aussi parce qu'il a été au
principe, avec quelques autres écrits de la même famille, et
de la même farine, d'un certain nombre de mauvaises lectures de mon travail qui sont très répandues dans le monde
des sciences de la science.

1. LE « MÉTIER » DU SAVANT

La notion d'habitus est peut-être particulièrement utile
s'agissant de comprendre la logique d'un champ comme le
champ scientifique où l'*illusion scolastique* s'impose avec une
force particulière. De même que l'illusion de *lector* condui-

sait à appréhender l'œuvre d'art comme *opus operatum,* dans une « lecture » ignorant l'art (au sens de Durkheim) comme « pratique pure sans théorie », de même, la vision scolastique qui paraît s'imposer tout spécialement en matière de science empêche de connaître et de reconnaître la vérité de la pratique scientifique comme produit d'un habitus scientifique, d'un sens pratique (d'un type très particulier). S'il y a un lieu où l'on pourrait supposer que les agents agissent conformément à des intentions conscientes et calculées, selon des méthodes et des programmes consciemment élaborés, c'est bien le domaine scientifique. Cette vision scolastique est au principe de la vision logiciste, une des manifestations les plus réussies du *« scholastic bias »* : exactement comme la théorie iconologique dégageait ses principes d'interprétation de l'*opus operatum,* de l'œuvre d'art achevée, au lieu de s'attacher à l'œuvre se faisant et au *modus operandi,* de même, une certaine épistémologie logiciste constitue en vérité de la pratique scientifique une norme de cette pratique dégagée *ex post* de la pratique scientifique accomplie ou, autrement dit, s'efforce de déduire la logique de la pratique des produits logiquement conformes du sens pratique.

Réintroduire l'idée d'habitus, c'est mettre au principe des pratiques scientifiques, non pas une conscience connaissante agissant conformément aux normes explicites de la logique et de la méthode expérimentale, mais un « métier », c'est-à-dire un sens pratique des problèmes à traiter, des manières adaptées de les traiter, etc. À l'appui de ce que je viens de dire, et pour vous rassurer si vous pensiez que je ne fais que plaquer sur la science ma vision de la pratique, à laquelle la pratique scientifique pourrait apporter une exception, j'invoquerai l'autorité d'un texte classique et souvent cité de Michel Polanyi (1951) – c'est un thème fréquemment évoqué et j'aurais pu citer beaucoup d'autres auteurs – qui rappelle que les critères d'évaluation des travaux scientifiques ne peuvent être complètement explicités *(articulated)*. Il y a toujours une dimension implicite, tacite, une sagesse conventionnelle qui est engagée dans l'évaluation des travaux scientifiques. Cette maîtrise pratique est une sorte de « *connaisseurship* » (un art de connaisseur) qui peut être communiqué par l'exemple, et non par des préceptes (contre la méthodologie), et qui n'est pas si différent de l'art de repérer un bon tableau, ou d'en dire l'époque et l'auteur, sans être nécessairement en mesure d'articuler les critères qu'il met en oeuvre. « La pratique de la science est un art » (Polanyi, 1951). Cela dit, Polanyi n'est nullement opposé à la formulation de règles de vérification et de réfutation, de mesure ou d'objectivité et il approuve les efforts pour rendre ces critères aussi explicites que possible. [La référence à la pratique est souvent inspirée par une volonté de dénigrer l'intellectualité, la raison. Et cela ne rend pas facile la récollection des instruments théoriques dont il faut s'équiper pour penser la pratique. La nouvelle sociologie de la science succombe souvent à cette tentation du dénigrement et on pourrait dire qu'il n'y a pas de grand savant – pensez à Pasteur – pour son sociologue... Si la science sociale est si difficile, c'est que les erreurs vont, comme disait Bachelard, par couples de positions complémentaires ; si bien qu'on risque de n'échapper à une erreur que pour tomber dans une autre, le logicisme ayant pour contrepartie une sorte de « réalisme » désenchanté.]

Mais on peut aussi s'appuyer sur les travaux de la nouvelle sociologie de la science comme ceux de Lynch qui rappelle l'écart entre ce que l'on dit de la pratique scientifique dans les livres (de logique ou d'épistémologie) ou dans les protocoles par lesquels les savants rendent compte de ce qu'ils ont fait et ce qui se fait réellement dans les laboratoires. La vision scolastique de la pratique scientifique conduit à produire une sorte de « fiction ». Les déclarations de chercheurs ressemblent à s'y méprendre à celles des artistes ou des sportifs : ils disent à satiété la difficulté de dire avec des mots la pratique et la manière de l'acquérir. Lorsqu'ils essaient d'exprimer leur sens de la bonne procédure, ils n'ont pas grand chose à invoquer sinon l'expérience antérieure qui reste implicite et quasi-corporelle et, quand ils parlent informellement de leur recherche, ils la décrivent comme une pratique demandant du métier, de l'intuition et du sens pratique, du flair, du « pifomètre », autant de choses qui sont difficiles à transcrire sur le papier et qui ne peuvent être comprises et acquises vraiment que par l'exemple et à travers un contact personnel avec des personnes compétentes. Ils invoquent souvent, – notamment les chimistes –, l'analogie avec la cuisine et ses recettes. Et, de fait, comme le montre Pierre Lazlo (2000) illustrant parfaitement les propos de Polanyi que j'ai cités, le laboratoire de chimie est un lieu de travail manuel où l'on fait des manipulations, des « manips », où l'on met en œuvre des systèmes de schèmes pratiques qui sont transposables à des situations homologues et qui apprennent peu à peu en suivant des protocoles de laboratoire. De façon générale, la compétence de l'homme de laboratoire est faite pour une grande part de toute une série de routines, la plupart manuelles, demandant beaucoup de doigté et faisant intervenir des instruments délicats, mise en solution, extraction, filtration, évaporation, etc.

La pratique est toujours sous-estimée et sous-analysée, alors qu'il faut engager, pour la comprendre, beaucoup de compétence théorique, beaucoup plus, paradoxalement, que pour comprendre une théorie. Il faut éviter de réduire les pratiques à l'idée qu'on en a lorsqu'on n'en a d'expérience que logique. Or les savants ne savent pas nécessairement, faute d'une théorie adéquate de la pratique, investir dans les descriptions de leurs pratiques la théorie qui leur permettrait de se donner et de donner une connaissance véritable de ces pratiques.

Le rapprochement que font certains analystes entre la pratique artistique et la pratique scientifique n'est pas sans fondement, mais dans certaines limites. Le champ scientifique est, comme d'autres champs, le lieu de logiques pratiques, mais avec la différence que l'habitus scientifique est une théorie réalisée, incorporée. Une pratique scientifique a toutes les propriétés reconnues aux pratiques les plus typiquement pratiques, comme les pratiques sportives, ou artistiques. Mais cela n'empêche pas qu'elle est aussi sans doute la forme suprême de l'intelligence théorique : c'est, pour parodier le langage de Hegel parlant de la morale, « une conscience théorique réalisée », c'est-à-dire incorporée, à l'état pratique. L'entrée dans un laboratoire est très proche de l'entrée dans un atelier de peintre, qui donne lieu à l'apprentissage de toute une série de schèmes et de techniques. Mais la spécificité du « métier » du savant vient du fait que cet apprentissage est l'acquisition de structures théoriques extrêmement complexes qui peuvent par ailleurs être mises en forme et en formules, mathématiques notamment, et qui peuvent s'acquérir de manière accélérée grâce à la formalisation. La difficulté de l'initiation à une pratique scientifique quelle qu'elle soit (physique quantique ou sociologie), vient de ce qu'il faut faire un double effort pour maîtriser le savoir théoriquement mais de telle manière que ce savoir passe réellement dans les pratiques, sous forme de « métier », de tours de main, de « coup d'œil », etc., et ne reste pas à l'état de méta-discours à propos des pratiques. L'« art » du savant est en effet séparé de l'« art » de l'artiste par deux différences majeures : d'une part l'importance du savoir formalisé qui est maîtrisé à l'état pratique, grâce notamment à la mise en forme et en formules, et d'autre part le rôle des instruments qui, comme le disait Bachelard, sont du savoir formalisé fait chose. Autrement dit, un mathématicien de vingt ans peut avoir vingt siècles de mathématiques dans son esprit en partie parce que la formalisation permet d'acquérir sous forme d'automatismes logiques, devenus automatismes pratiques, des produits accumulés d'inventions non automatiques.

Du côté des instruments, c'est la même chose : pour faire une « manip », on va utiliser des instruments qui sont eux-mêmes des conceptions scientifiques condensées et objectivées dans un appareillage fonctionnant comme un système de contraintes et la maîtrise pratique qu'évoque Polanyi est rendue possible par une incorporation si parfaite des contraintes de l'instrument qu'on fait corps avec lui, qu'on fait ce qu'il attend, que c'est lui qui commande : il faut avoir incorporé beaucoup de théorie et aussi de routines pratiques pour être à la hauteur des demandes d'un cyclotron.

Il faut s'arrêter un moment à la question du rapport entre la pratique et la méthode qui me paraît être une forme particulière de la question wittgensteinienne de savoir ce que signifie le fait de « suivre une règle ». On n'agit pas conformément à une méthode, pas plus qu'on ne suit une règle, par un acte psychologique d'adhésion consciente, mais pour l'essentiel en se laissant porter par un sens du jeu scientifique qui s'acquiert par l'expérience prolongée du jeu scientifique avec ses *régularités* autant que ses règles. Règles et régularités qui se rappellent en permanence soit à travers des formulations expresses (les règles qui régissent la présentation des textes scientifiques par exemple), soit à travers des indices inscrits dans le fonctionnement même du champ, et tout spécialement dans les instruments (au nombre desquels il faut compter les outils mathématiques) appelant les tours de main du bon expérimentateur.

Un savant est un champ scientifique fait homme, dont les structures cognitives sont homologues de la structure du champ et, de ce fait, constamment ajustées aux attentes inscrites dans le champ. Ces règles et ces régularités, qui déterminent, si l'on veut, le comportement du savant, n'existent en tant que telles, c'est-à-dire en tant qu'instances efficientes, capables d'orienter la pratique des savants dans le sens de la conformité aux exigences de scientificité, que parce qu'elles sont perçues par des savants dotés de l'habitus qui les rend capables de les percevoir et de les apprécier, et à la fois disposés et aptes à les mettre en œuvre. Bref, elles ne les déterminent que parce qu'ils se déterminent par un acte de connaissance et de reconnaissance *pratique* qui leur confère leur pouvoir déterminant ou, autrement dit, parce qu'ils sont disposés (au terme d'un travail de socialisation spécifique) de telle manière qu'ils sont sensibles aux injonctions qu'elles enferment et préparés à leur répondre de manière sensée. On voit qu'il serait sans doute vain de demander, dans ces conditions, où est la cause et où est l'effet et s'il est même possible de distinguer entre les causes de l'action et les raisons d'agir.

C'est ici qu'il faudrait revenir aux analyses de Gilbert et Mulkay (1984) décrivant l'effort des savants pour présenter dans un langage « formel », conforme aux règles de présentation en vigueur et à l'idée officielle de la science. Dans ce cas, il est probable qu'ils ont conscience d'obéir à une norme et l'on peut sans doute parler d'une véritable intention de suivre la règle. Mais n'arrive-t-il pas aussi qu'ils obéissent au souci de se mettre en règle ? C'est-à-dire de combler consciemment un écart perçu entre la règle perçue comme telle et la pratique qui appelle, précisément, par sa non conformité à la règle, l'effort explicite qui est nécessaire pour la « régulariser » ?

Pour résumer, le véritable principe des pratiques scientifiques est un système de dispositions génératrices, pour une grande part inconscientes, transposables, qui tendent à se généraliser. Cet habitus prend des formes spécifiques selon les spécialités : les passages d'une discipline à une autre, de la physique à la chimie, au XIXe siècle, de la physique à la biologie aujourd'hui, sont l'occasion d'apercevoir les écarts entre ces systèmes ; les contacts entre sciences, étant, comme les contacts de civilisations, une occasion d'explicitation des dispositions implicites, notamment dans les groupes interdisciplinaires qui se constituent autour d'un nouvel objet, ils seraient un terrain privilégié d'observation et d'objectivation de ces schèmes pratiques. [Les confrontations entre spécialistes de disciplines, donc de formations différentes, doivent nombre de leurs caractéristiques – effets de domination, malentendus, etc. – à la structure du capital détenu par les uns et les autres : dans les équipes réunissant des physiciens et des biologistes, les premiers, par exemple, apportent une forte compétence mathématique, les seconds une plus grande compétence spécifique, à la fois plus livresque et plus pratique, mais le rapport, jusque là favorable aux physiciens, se retourne de plus en plus en faveur des biologistes qui, plus liés à l'économie et à la santé, mettent en jeu beaucoup de problèmes nouveaux. A contrario, l'unité d'une disci pline trouve sans doute son fondement le plus sûr dans une distribution à peu près homogène des capitaux possédés par les différents membres, même si des différences secondaires peuvent exister, comme celle qui sépare les théoriciens et les empiristes.]

Ces systèmes de dispositions sont variables selon les disciplines, mais aussi selon des principes secondaires comme les trajectoires scolaires ou même sociales. On peut donc supposer que les habitus sont des principes de production de pratiques différenciés selon des variables de genre, d'origine sociale, sans doute de nation (à travers la formation scolaire) et que, même s'agissant de disciplines à capital scientifique collectif accumulé très important, comme la physique, on pourrait trouver une relation statistique intelligible entre les stratégies scientifiques des différents savants et des propriétés d'origine sociale, de trajectoire, etc. [On voit en passant que la notion d'habitus peut être entendue à la fois comme un principe général de la théorie de l'action – par opposition aux principes invoqués par une théorie intentionnaliste –, et comme un principe spéci fique, différencié et différenciant, d'orientation des actions d'une catégo rie particulière d'agents, lié à des conditions particulières de formation.]

Il existe donc des habitus disciplinaires (qui, étant liés à la formation scolaire, sont communs à tous les produits du même mode de génération) et des habitus particuliers liés à a *trajectoire* (en dehors du champ – origine sociale et scolaire – et dans le champ) et à la *position* dans le champ. [On sait par exemple que, malgré l'autonomie liée au capital collectif, l'orientation vers telle ou telle discipline, ou dans cette discipline, vers telle ou telle spécialité, ou, dans cette spécialité, vers tel ou tel « style » scientifique, n'est pas indépendante de l'origine sociale, la hiérarchie sociale des disciplines n'étant pas sans relation avec la hiérarchie sociale des origines.] On peut sans doute distinguer des familles de trajectoires avec notamment l'opposition entre d'un côté les centraux, les orthodoxes, les continuateurs et, de l'autre, les marginaux, les hérétiques, les novateurs qui se situent souvent aux frontières de leur discipline (qu'ils traversent parfois) ou qui créent de nouvelles disciplines à la frontière de plusieurs champs.

Je vais me livrer ici, avec beaucoup d'hésitations, à un exercice très risqué, essayer de caractériser deux habitus scientifiques et de les rapporter aux trajectoires scientifiques correspondantes. Cela surtout pour donner une idée, ou un programme, de ce que devrait faire une sociologie raffinée de la science. S'il apparaissait que l'on peut découvrir le soupçon d'une différence entre des savants qui travaillent dans des domaines où le capital collectif accumulé et le travail de formalisation sont très importants, et qui disposent, à l'origine d'un capital scolaire à peu près semblable, comme Pierre-Gilles de Gennes et Claude Cohen-Tannoudji, tous deux entrés à peu près en même temps à l'École normale et tous deux couronnés, cinquante ans plus tard, par le Jury du prix Nobel, on pourrait conclure que l'habitus social (familial), retraduit scolairement et scientifiquement, a une efficacité explicative non nulle. [On trouvera des portraits contrastés de Pierre-Gilles de Gennes et Claude Cohen-Tannoudji, dans le livre d'Anatole Abragam, *De la physique avant toute chose ?* – 2001.] Il va de soi, selon moi, que l'explicabilité partielle des stratégies scientifiques par les variables sociales ne réduirait en rien la validité scientifique des produits scientifiques. Je n'ai pas toute l'information qui serait nécessaire pour dessiner rigoureusement les portraits contrastés des deux œuvres et je me contenterai d'opposer deux « styles », appréhendés à travers des indices sans doute très grossiers, et de les rapporter à des indices, non moins grossiers, de l'appartenance et de la trajectoire sociale, aristocratique d'un côté, petite bourgeoise de l'autre. Tandis que Claude Cohen-Tannoudji reste à l'ENS, et continue une (grande) tradition, la physique atomique, Pierre-Gilles de Gennes quitte l'ENS, pour des objets situés à la limite de la physique et de la chimie, la matière condensée, avec la physique de la supraconductivité qui, à l'époque, est aussi un domaine noble, puis évolue vers la matière molle, cristaux liquides, polymères, émulsions, domaine un peu bâtard, qui peut être perçu comme moins important. D'un côté, la voie la plus noble académiquement, mais aussi la plus difficile, où sont concentrés les enjeux les plus grands et les concurrents les plus redoutables et qui aboutira, après de grandes découvertes, comme la condensation de Bose-Einstein, qui relance le domaine, à un grand *Manuel de physique quantique*, considéré comme la Bible de la discipline ; et de l'autre, une voie plus risquée, moins académique et plus proche des applications et des entreprises (avec les polymères, enjeux industriels et économiques). Deux trajectoires donc qui apparaissent comme la projection de deux types différents de dispositions, de rapports au monde social et au monde universitaire.

Pour comprendre comment les origines sociales, donc les dispositions qui s'y expriment, audace, élégance et aisance, ou sérieux, conviction et investissement, se sont retraduites peu à peu dans ces trajectoires, il faudrait examiner par exemple si l'image réverbérée qu'un certain habitus se voit renvoyer dans les régions où il s'est engagé n'a pas contribué, dans chacun des deux cas, à encourager ces dispositions. L'habitus, je l'ai dit cent fois, n'est pas un destin et aucune des dispositions contrastées que j'ai énumérées ne sont inscrites, *ab ovo*, dans l'habitus originel. Telle posture qui pourrait être perçue comme de la légèreté superficielle (« est-ce vraiment sérieux ? ») peut être aussi appréhendée comme une aisance prometteuse si elle a trouvé en quelque sorte son « lieu naturel », c'est-à-dire une région du champ occupée par des gens prédisposés, du fait de leur position et de leur habitus, à appréhender positivement et à apprécier favorablement les comportements dans lesquels cet habitus se dévoile, se révèle (en partie aussi à lui-même) et par là à le renforcer, à le confirmer, et à le conduire ainsi à son plein épanouissement, c'est-à-dire à ce style particulier que l'on caractérise par exemple par l'économie de moyens, l'élégance conceptuelle, etc. L'habitus se manifeste continuellement, dans les oraux d'examen, dans les exposés au cours des séminaires, dans les contacts avec les autres, et, plus simplement, dans l'hexis corporelle, un port de tête, une tenue du corps, qui en est la transcription la plus directement visible, et l'accueil social qui est fait à ces signes visibles renvoie au personnage considéré une image de lui-même qui fait qu'il se sent ou non autorisé et encouragé dans ses dispositions, qui, chez d'autres, seraient découragées ou interdites.

J'ai voulu faire cet exercice, dans l'espoir de pouvoir le prolonger un jour moi-même, avec la collaboration des chercheurs concernés, ou que d'autres le mènent à bien. Il y aurait à faire une enquête systématique qui supposerait la collaboration des chercheurs en sciences de la nature et en sciences sociales, une des principales fonctions du sociologue étant, en ce cas, d'assister les chercheurs dans le travail d'explicitation des schèmes pratiques qui ont été au principe de choix décisifs, choix de telle discipline, de telle spécialité, de tel laboratoire, de telle revue ; ce travail d'explicitation, très difficile pour les intéressés livrés à eux-mêmes, serait facilité par un usage méthodique de la comparaison, qui prendrait toute sa force si, sur la base d'une analyse des correspondances multiples, il était possible de la mener à l'échelle de l'ensemble du champ, avec les points les plus éloignés, mais aussi et surtout les plus proches.

2. AUTONOMIE ET DROIT D'ENTRÉE

Je commencerai par rappeler un certain nombre de points de l'article ancien (Bourdieu, 1975a), qui disait l'essentiel mais sous une forme elliptique, pour faire voir que la notion de champ est utile peut-être, avant tout, par les erreurs qu'elle permet d'éviter, notamment dans la construction de l'objet et aussi en ce qu'elle permet de résoudre un certain nombre de difficultés que les autres approches ont soulevées, et j'essaierai d'autre part d'intégrer certains des acquis des théories récentes et de dégager des implications nouvelles du modèle ancien en lui apportant des compléments et des corrections.

Je voudrais montrer d'abord en quoi la notion de champ permet de rompre avec des présupposés qui sont tacitement acceptés par la plupart de ceux qui se sont intéressés à la science. Premières ruptures impliquées dans la notion de champ, la mise en question de l'idée de science « pure », parfaitement autonome et se développant selon sa logique interne, et aussi de l'idée de « communauté scientifique », notion admise comme allant de soi et devenue, par la logique des automatismes verbaux, une sorte de désignation obligée de l'univers scientifique. Merton orchestre l'idée de « communauté » avec le thème du « communisme » des savants et le livre de Warren Hagstrom (1965) définit la communauté scientifique comme un « groupe dont les membres sont unis par un objectif et par une culture communs ». Parler de champ, c'est rompre avec l'idée que les savants forment un groupe unifié, voire homogène.

L'idée de champ porte du même coup à mettre en question la vision irénique du monde scientifique, celle d'un monde d'échanges généreux dans lequel tous les chercheurs collaborent à une même fin. Cette vision idéaliste qui décrit la pratique comme le produit de la soumission volontaire à une norme idéale est contredite par les faits : ce que l'on observe, ce sont des luttes, parfois féroces, et des compétitions à l'intérieur de structures de domination. La vision « communautariste » laisse échapper le fondement même du fonctionnement du monde scientifique comme univers de concurrence pour le « monopole de la manipulation légitime » des biens scientifiques, c'est-à-dire, plus précisément, de la bonne méthode, des bons résultats, de la bonne définition des fins, des objets, des méthodes de la science. Et, comme on le voit lorsque Edward Shils remarque que dans la « communauté scientifique », chaque élément de la tradition scientifique est soumis à l'évaluation critique, elle est ainsi conduite à décrire comme accomplissement volontaire et soumission délibérée à une norme idéale ce qui est le produit de la soumission à des mécanismes objectifs et anonymes.

La notion de champ fait aussi voler en éclats toutes sortes d'oppositions communes, à commencer par l'opposition entre consensus et conflit et, si elle anéantit la vision naïvement idéaliste du monde scientifique comme communauté solidaire ou comme « règne des fins » (au sens de Kant), elle s'oppose à la vision tout aussi partiale de la vie scientifique comme « guerre », *bellum omnium contra omnes*, que les scientifiques eux-mêmes évoquent parfois (lorsque par exemple ils caractérisent tels ou tels d'entre eux comme des « tueurs »): les savants ont en commun des choses qui sous un certain rapport les unissent et sous un autre rapport les séparent, les divisent, les opposent, des fins, par exemple, même les plus nobles, comme trouver la vérité ou combattre l'erreur, et aussi tout ce qui détermine et rend possible la compétition, comme une culture commune, qui est aussi une arme dans les luttes scientifiques. Les chercheurs, comme les artistes ou les écrivains, sont unis par les luttes qui les opposent, et les alliances mêmes qui peuvent les unir ont toujours quelque chose à voir avec les positions qu'ils occupent dans ces luttes.

Cela dit, la notion de « communauté » désigne un autre aspect important de la vie scientifique : tous ceux qui sont engagés dans un champ scientifique peuvent, sous certaines conditions, se donner des instruments qui leur permettent de fonctionner comme des communautés et qui ont pour fonction officielle de professer la sauvegarde des valeurs idéales de la profession de savant. Ce sont les institutions savantes, les institutions de défense « corporatives », de coopération dont le fonctionnement, la composition sociale, la structure organisationnelle (direction, etc.) doivent être comprises en fonction de la logique de champ ; il y a aussi toutes les formes organisationnelles qui structurent de façon durable et permanente la pratique des agents et leurs interactions, comme le CNRS ou le laboratoire, et il faut se donner les moyens d'étudier ces institutions, en sachant bien qu'elles n'enferment pas le principe de leur propre compréhension et que, pour les comprendre, il faut comprendre la position dans le champ de ceux qui en font partie. Une association disciplinaire (Société française de biologie) contribuera à faire fonctionner, au sein du champ disciplinaire, quelque chose comme une communauté gérant une partie des intérêts communs et s'appuyant sur les intérêts communs, sur la culture commune, pour fonctionner. Mais, pour comprendre comment elle fonctionne, il faudra prendre en compte les positions occupées dans le champ par ceux qui en font partie et qui la dirigent. On pourra ainsi observer que certains trouvent dans l'appartenance à ces institutions et dans la défense des intérêts communs des ressources que les lois de fonctionnement du champ scientifique ne leur accordent pas ; ceci en liaison avec l'existence de deux principes de domination dans le champ scientifique, temporel et intellectuel, les pouvoirs temporels étant souvent du côté de la logique communautaire, c'est-à-dire de la gestion des affaires communes, du consensus minimal, des intérêts communs minimaux, colloques internationaux, relations avec l'étranger ou, en cas de conflit grave, la défense des intérêts collectifs.

La plupart des analystes ignorent l'autonomie relative du champ et posent le problème de la contrainte exercée sur le champ (par la religion, l'État), des règles imposées par la force. Barnes veut « exorciser » l'idée de l'autonomie de la science : il refuse l'idée que la science se distingue des autres formes de culture comme pure et « *undistorted* », c'est-à-dire autonome ; il entend faire une sociologie qui s'applique aux croyances vraies aussi bien qu'aux fausses en tant que produits des forces sociales (Barnes, 1974). En fait, le champ est soumis à des *pressions* (extérieures) et habité par des *tensions,* entendues comme des forces qui agissent de manière à écarter, à séparer les parties constitutives d'un corps. Dire que le champ est relativement autonome par rapport à l'univers social environnant, c'est dire que le système de forces qui sont constitutives de la structure du champ (tension) est relativement indépendant des forces qui s'exercent sur le champ (pression). Il dispose en quelque sorte de la « liberté » nécessaire pour développer sa propre nécessité, sa propre logique, son propre *nomos.*

Une des caractéristiques qui différencient le plus les champs est le *degré d'autonomie* et, du même coup, la force et la forme du *droit d'entrée* imposé aux nouveaux entrants. On sait par exemple que le champ littéraire se caractérise par rapport aux autres champs, le champ bureaucratique, le champ scientifique ou le champ juridique, par le fait que le droit d'entrée scolairement mesuré y est très faible. (Quand on s'interroge sur la scientificité d'un champ, on se réfère à des propriétés qui ont toutes à voir avec le degré d'autonomie. Par exemple, les sciences sociales doivent sans cesse compter avec des forces externes qui freinent constamment le « décollage »).

Je vais donc essayer de décrire cette autonomie, puis la logique et les facteurs du processus d'autonomisation et enfin, j'essaierai d'examiner en quoi consiste, dans ce cas particulier, le droit d'entrée. L'autonomie n'est pas un donné, mais une conquête historique, qui est toujours à recommencer. On l'oublie facilement dans le cas des sciences de la nature, parce que l'autonomie est inscrite à la fois dans l'objectivité des structures du champ et aussi dans les cerveaux, sous la forme de théories et de méthodes incorporées et revenues à l'état pratique.

L'autonomie, dans ce champ comme dans tous les autres, a été conquise peu à peu. Commencée avec Copernic, la révolution scientifique s'est terminée, selon Joseph Ben-David, par la création de la Royal Society à Londres : « Le but institutionnel de cette révolution, faire de la science une activité intellectuelle distincte, sous l'unique contrôle de ses propres normes, fut atteint au XVIIᵉ siècle » (Ben-David, 1997 : 280). Parmi les facteurs de ce processus, un des plus importants, qui a été évoqué par Kuhn dans un des textes réunis dans *La Tension essentielle* (Kuhn, 1977), « Mathematical versus experimental tradition », est la mathématisation. Et Yves Gingras, dans un article intitulé « Mathématisation et exclusion, socioanalyse de la formation des cités savantes » (Gingras, 2002), montre que la mathématisation est à l'origine de plusieurs phénomènes convergents qui tous tendent à renforcer l'autonomie du monde scientifique et en particulier de la physique (il n'est pas certain que ce phénomène exerce partout et toujours les mêmes effets, en particulier dans les sciences sociales).

La mathématisation produit d'abord un effet d'exclusion hors du champ de discussion (Yves Gingras rappelle les résistances à l'effet d'exclusion que produit la mathématisation de la physique – par exemple l'abbé Nollet « revendique le droit de proposer son opinion »): avec Newton (j'ajouterais Leibniz) la mathématisation de la physique tend peu à peu, à partir du milieu du XVIIIe siècle, à instaurer une très forte coupure sociale entre les professionnels et les amateurs, à séparer les *insiders* et les *outsiders* ; la maîtrise des mathématiques (qui est acquise au moment de la formation) devient le droit d'entrée et réduit le nombre non seulement des lecteurs mais aussi des producteurs potentiels (ce qui, on le verra, a d'énormes conséquences). « Les frontières de l'espace sont lentement redéfinies de telle façon que les lecteurs potentiels sont de plus en plus limités aux contributeurs potentiels, dotés de la même formation. En d'autres termes, la mathématisation contribue à la formation d'un champ scientifique autonome » (Gingras, 2001). C'est ainsi que Faraday subit l'effet d'exclusion des mathématiques de Maxwell. La coupure implique la fermeture, qui produit la censure. Chacun des chercheurs engagés dans le champ est soumis au contrôle de tous les autres, et en particulier de ses concurrents les plus compétents, avec pour conséquence un contrôle autrement puissant que les seules vertus individuelles ou toutes les déontologies.

Deuxième conséquence de la mathématisation, la transformation de l'idée d'explication. C'est en calculant que le physicien explique le monde, qu'il engendre les explications qu'il lui faut ensuite confronter par l'expérimentation avec les choses prévues telles que le dispositif expérimental permet de les saisir. Si Kuhn avait construit son modèle de la révolution en s'appuyant non, comme il l'a fait, sur le cas de la révolution copernicienne, mais sur le cas de la révolution newtonienne, il aurait vu que Newton a été le premier à fournir des explications mathématiques qui impliquaient un changement de théorie physique : sans prendre nécessairement position sur l'ontologie correspondante (évidemment, on peut parler d'action à distance, etc.), il substituait une explication mathématique à l'explication par le contact mécanique (comme chez Descartes ou chez Leibniz), ce qui implique une redéfinition de la physique.

Ceci entraîne un troisième effet de la mathématisation, ce qu'on peut appeler la désubstantialisation, en suivant les analyses du Cassirer de *Substance et Fonction*, auquel se réfère aussi Gingras : la science moderne substitue les relations fonctionnelles, les structures, aux substances aristotéliciennes et c'est la logique de la manipulation des symboles qui guide les mains du physicien vers des conclusions nécessaires. L'usage de formulations mathématiques abstraites affaiblit la tendance à concevoir la matière en termes substantiels et conduit à mettre l'accent sur les aspects relationnels. Je pense ici à un livre de Michel Bitbol, *Mécanique quantique* (1996), qui permet de comprendre ce processus de désubstantialisation de la physique par les mathématiques et, plus précisément, par le calcul des probabilités fonctionnant comme un « symbolisme prédictif » (Bitbol, 1996 : 141). Le calcul des probabilités permet de fournir des prévisions à propos de mesures ultérieures à partir des résultats de mesures initiales. Bitbol, qui se place dans la tradition de Bohr, évite toute référence à un quelconque réel, toute affirmation ontologique à propos du monde : « ce que l'on mesure avec les instruments » sert de base à des expérimentations permettant de prévoir des mesures. L'épistémologie n'a pas à prendre position sur la réalité du monde ; elle se contente de prendre position sur la prédictibilité des mesures que rend possible la mise en œuvre du calcul des probabilités s'appuyant sur des mesures passées. Le calcul des probabilités ou le formalisme des espaces de Hilbert, dit encore Bitbol, sont un moyen de communiquer entre les physiciens « qui permet de se passer du concept d'un système physique sur lequel s'effectuerait la mesure » (Bitbol, 1996 : 142). [On pourrait sans doute voir dans l'évolution de la notion de champ une illustration de ce processus de « désubstantialisation » : avec, dans une première étape, les champs statiques classiques, champ électrostatique ou champ gravitationnel, qui sont des identités subordonnées aux particules qui les engendrent, c'est-à-dire des descriptions possibles, non obligatoires, de l'interaction des particules ; puis, deuxième étape, les champs dynamiques classiques – champ électromagnétique – où le champ a une existence propre et peut subsister après la disparition des particules ; et enfin, troisième étape, les champs quantiques, l'électrodynamique quantique où le système des charges est décrit par un « opérateur de champ ».]

Le processus d'autonomisation qui en résulte s'accomplit aussi dans l'objectivité du monde social, notamment à travers la création de ces réalités tout à fait extraordinaires (nous ne le voyons pas parce que nous y sommes habitués) que sont les disciplines. L'institutionnalisation progressive dans l'université de ces univers relativement autonomes sont le produit de luttes d'indépendance visant à imposer l'existence de nouvelles entités et les frontières destinées à les délimiter et à les protéger (les luttes de frontière ont souvent pour enjeu le monopole d'un nom, avec toutes sortes de conséquences, des lignes budgétaires, des postes, des crédits, etc.). Yves Gingras, dans un livre intitulé *Physics and the Rise of Scientific Research in Canada* (Gingras, 1991), distingue dans le développement d'un champ scientifique, premièrement l'émergence d'une pratique de recherche, c'est-à-dire d'agents dont la pratique repose plus sur la recherche que sur l'enseignement, et l'institutionnalisation de la recherche dans l'université à travers la création des conditions favorables à la production du savoir et à la reproduction à long terme du groupe, deuxièmement, la constitution d'un groupe reconnu comme socialement distinct et d'une identité sociale soit disciplinaire à travers la création d'associations scientifiques, soit professionnelle, à travers la création d'une corporation : les scientifiques se dotent de représentants officiels qui leur donnent une visibilité sociale et défendent leurs intérêts. Ce dernier processus ne peut pas être décrit de manière un peu trop simple comme « professionnalisation » : en fait, on a affaire à deux pratiques de la physique, l'une confinée dans l'université, l'autre ouverte aux milieux industriels, où les physiciens sont en compétition avec les ingénieurs ; avec d'un côté, la construction d'une discipline scientifique, avec ses associations, ses réunions, ses revues, ses médailles et ses représentants officiels, de l'autre, la délimitation d'une « profession » monopolisant l'accès aux titres et aux postes correspondants. On oublie souvent la dualité du monde scientifique, avec d'un côté les chercheurs, liés à l'université, et de l'autre, le corps des ingénieurs qui se dote de ses institutions propres, caisses de retraite, associations, etc. Ainsi, en Grande Bretagne, à l'occasion de la Première Guerre mondiale, les physiciens s'inquiètent de leur statut social et deviennent conscients de leur non-existence sociale : ils créent une organisation représentative, the Institute of Physics et imposent une vision selon laquelle la recherche est partie intégrante des fonctions de l'université.

Le processus d'autonomisation est lié à l'élévation du *droit d'entrée* explicite ou implicite. Le droit d'entrée, c'est la compétence, le capital scientifique incorporé (par exemple, comme on vient de le voir, la connaissance des mathématiques qui est de plus en plus impérativement exigée), devenu sens du jeu, mais c'est aussi l'appétence, la *libido scientifica*, l'*illusio*, croyance non seulement dans les enjeux mais aussi dans le jeu lui-même, c'est-à-dire dans le fait que le jeu en vaut la chandelle, vaut la peine d'être joué. Étant le produit de l'éducation, la compétence et l'appétence sont statistiquement liées parce qu'elles se forment corrélativement (pour l'essentiel au cours de la formation).

D'abord la compétence : ce n'est pas seulement la maîtrise des acquis, des ressources accumulées dans le champ (mathématiques notamment), c'est le fait d'avoir incorporé, transformé en sens pratique du jeu, converti en réflexes, l'ensemble des ressources théorico-expérimentales, c'est-à-dire cognitives et matérielles issues des recherches antérieures (la « tension essentielle » dont parle Kuhn étant inscrite dans le fait que la tradition qui doit être maîtrisée pour entrer dans le jeu est la condition même de la rupture révolutionnaire). Le droit d'entrée, c'est donc la compétence mais une compétence comme ressource théorico-expérimentale faite corps, devenue sens du jeu ou habitus scientifique comme maîtrise pratique de plusieurs siècles de recherches et d'acquis de la recherche – sous la forme par exemple, d'un sens des problèmes importants, intéressants ou d'un arsenal de schèmes théoriques et expérimentaux qui peuvent s'appliquer, par *transfert* à des domaines nouveaux.

Ce que les taxinomies scolaires décrivent à travers toute une série d'oppositions qui se ramènent à la distinction entre le brillant, l'aisance, la facilité, et le sérieux, le laborieux, le scolaire, c'est le rapport d'ajustement parfait aux attentes-exigences d'un champ, qui demande, non seulement des savoirs, mais un *rapport au savoir* propre à faire oublier que le savoir a dû être acquis, appris (ceci surtout dans l'univers littéraire) ou à attester que le savoir est si parfaitement maîtrisé qu'il est devenu automatisme naturel (par opposition aux compétences livresques de la bête à concours qui a la tête pleine de formules dont il ne sait pas quoi faire devant un problème réel). Bref, ce que demande le champ scientifique, c'est un capital incorporé d'un type particulier, et en particulier tout un ensemble de ressources théoriques revenues à l'état pratique, à l'état de sens pratique (ou d'un « œil », comme on dit dans le cas des disciplines artistiques, ou, avec Everett Hughes parlant d'« œil sociologique », de la sociologie elle-même).

Chaque discipline (comme champ) est définie par un *nomos* particulier, un principe de vision et de division, un principe de construction de la réalité objective irréductible à celui d'une autre discipline – selon la formule de Saussure : « le point de vue crée l'objet » (l'arbitraire de ce principe de constitution qui est constitutif de l'« œil disciplinaire » se rappelle dans le fait qu'il s'énonce le plus souvent sous la forme de tautologies, comme par exemple, pour la sociologie, « expliquer le social par le social », c'est-à-dire expliquer sociologiquement les choses sociales).

J'en viens à la deuxième dimension du droit d'entrée, l'*illusio*, la croyance dans le jeu, qui implique, entre autres choses, la soumission sans contrainte à l'impératif du désintéressement. Steven Shapin, l'auteur, avec Simon Schaffer, du livre sur la pompe à air, montre que la naissance du champ coïncide avec l'invention d'une nouvelle croyance (Shapin et Schaffer, 1985). À l'origine, les expériences étaient faites dans les « *public rooms* » des résidences privées de *gentlemen*. Une connaissance est attestée comme authentique, authentifiée, homologuée, lorsqu'elle accède à l'espace public, mais un espace public d'un type particulier : c'est la condition de gentleman qui fonde la validité des témoignages, donc la *reliability* et l'objectivité de la connaissance expérimentale ; cela parce qu'on la suppose libre de tout intérêt (à la différence des domestiques, qui peuvent assister aussi aux expériences, les *gentlemen* sont indépendants de l'autorité et de l'argent, autonomes). Le témoignage valide est un rapport d'honneur entre hommes d'honneur, c'est-à-dire entre « hommes libres désintéressés, se rassemblant librement autour de phénomènes expérimentaux et créant le fait attesté ». Les *experimental trials* marquaient le passage de l'espace privé (les maisons nobles avaient leur partie publique et leur partie privée) à l'espace public des Académies et, du même coup, de l'opinion à la connaissance. Ainsi la légitimité de la connaissance dépend d'une présence publique en certaines phases de production de la connaissance.

Mais je voudrais évoquer aussi ici un article que Mario Biagioli (1998), auteur de très beaux travaux sur Galilée, consacre aux effets de la pression des demandes externes qui, dans certains domaines de la recherche, menace le désintéressement des savants ou, mieux, l'intérêt spécifique au désintéressement (comme on le voit dans le domaine de la bio-médecine où, du fait de l'importance des enjeux économiques et sous la pression d'un environnement compétitif et *entrepreneurial*, on assiste à une inflation du *multiautorship* et au développement d'un ethos capitaliste). Biagioli découvre la tension entre le désintéressement obligé qui est imposé par les censures croisées qu'exerce le champ sur chacun de ceux qui y sont engagés (être dans un champ scientifique, c'est être placé dans des conditions où on a intérêt au désintéressement, notamment parce que le désintéressement est récompensé) et une demande sociale forte, économiquement sanctionnée, qui appelle à des concessions. Il insiste sur le fait que, dans le domaine scientifique, il y a une différence entre « la loi de la propriété intellectuelle » *(intellectual property law)* et le système de récompenses de la science *(the reward system of science)* tel que je le décris dans mon analyse du capital symbolique : « une découverte sensationnelle qui peut assurer un prix Nobel ne peut pas se traduire [...] en un brevet ou un copyright ». Le prix du « crédit scientifique » n'est pas l'argent mais les récompenses assurées par l'évaluation des pairs, réputation, prix, postes, participation à des sociétés. Ce « crédit honorifique » *(honorific credit)* est personnel et il ne peut être transféré (propriété privée, il ne peut pas être transmis par contrat ou par testament : je ne puis par faire de tel ou tel le légataire de mon capital symbolique). Il est attaché au nom du savant et construit comme non-monétaire. Bref, ce qui produit la vertu scientifique, c'est une certaine disposition socialement constituée, en relation avec un champ récompensant le désintéressement, et sanctionnant les manquements (notamment les fraudes scientifiques).

De façon générale, le désintéressement n'est pas du tout le produit d'une sorte de « génération spontanée » ou un don de la nature : on peut établir que, dans l'état actuel du champ scientifique, il est le produit de l'action du système scolaire et de la famille, ce qui en fait une disposition pour une part héréditaire. On observe ainsi que plus on va vers les institutions scolaires préparant aux carrières les plus désintéressées, comme les carrières scientifiques – l'École normale supérieure par exemple, par opposition à l'École polytechnique ou, plus loin encore, l'École nationale d'administration ou l'École des hautes études commerciales –, plus la part des adolescents qui sont issus de familles appartenant à l'univers scolaire et scientifique est importante.

Il y a une sorte d'ambiguïté structurale du champ scientifique (et du capital symbolique) qui pourrait être le principe objectif de « l'ambivalence des savants », déjà évoquée par Merton, à propos des revendications de priorité : l'institution qui valorise la priorité (c'est-à-dire l'appropriation symbolique), valorise aussi le désintéressement et « le dévouement désintéressé à l'avancement de la connaissance » *(the selfless dedication to the advancement of knowledge)* (Merton, 1973). Le champ impose à la fois la compétition « égoïste », et les intérêts parfois forcenés qu'elle engendre, à travers par exemple la peur d'être devancé dans ses découvertes, et le désintéressement.

C'est sans doute aussi cette ambiguïté qui fait que l'on a pu décrire les échanges qui ont lieu dans le champ scientifique sur le modèle de l'échange de dons, chaque chercheur devant, à en croire Hagstrom, offrir aux autres l'information nouvelle qu'il a pu découvrir pour obtenir, en contrepartie, leur reconnaissance (Hagstrom, 1965 : 16-22). En fait, la recherche de la reconnaissance est toujours hautement déniée, au nom de l'idéal de désintéressement : cela n'est pas fait pour surprendre ceux qui savent que l'économie des échanges symboliques, dont le paradigme est l'échange de dons, repose sur la dénégation obligée de l'intérêt ; le don peut – et, sous un certain rapport, doit – être vécu comme acte généreux d'oblation sans retour, tout en dissimulant, aux yeux même de celui qui l'accomplit, l'ambition de s'assurer un pouvoir, une emprise durable sur le bénéficiaire, bref, le rapport de force virtuel, qu'il recèle (je renvoie sur ce point aux analyses de la double vérité du don que j'ai présentées notamment dans les *Méditations pascaliennes* – 1997). Et l'on pourrait montrer que le capital scientifique participe de cette ambiguïté, en tant que rapport de force fondé sur la reconnaissance.

Ayant dit comment se constituait le champ, c'est-à-dire en instituant une censure à l'entrée et en l'exerçant ensuite en permanence, par la logique même de son fonctionnement, et en dehors de toute normativité transcendante, on peut dégager une première conséquence, que l'on peut dire normative, de ce constat. Le fait que les producteurs tendent à n'avoir pour clients que leurs concurrents à la fois les plus rigoureux et les plus vigoureux, les plus compétents et les plus critiques, donc les plus *enclins* et les *plus aptes* à donner toute sa force à leur critique, est pour moi le *point archimédien* sur lequel on peut se fonder pour *rendre raison scientifiquement de la raison scientifique*, pour arracher la raison scientifique à la réduction relativiste et expliquer que la science peut avancer sans cesse vers plus de rationalité sans être obligé de faire appel à une sorte de miracle fondateur. Il n'y a pas besoin de sortir de l'histoire pour comprendre l'émergence et l'existence de la raison dans l'histoire. La fermeture sur soi du champ autonome constitue le principe historique de la genèse de la raison et de l'exercice de sa normativité. C'est, il me semble, parce que je l'ai constitué, tout à fait modestement, en problème historique, me mettant ainsi en mesure (et en demeure) d'établir scientifiquement la loi fondamentale du fonctionnement de la cité scientifique, que j'ai pu *résoudre le problème* des rapports entre la raison et l'histoire ou de l'historicité de la raison, problème aussi vieux que la philosophie, qui, tout particulièrement au XIXe siècle, a hanté les philosophes.

Une autre conséquence de la fermeture liée à l'autonomie, est le fait que le champ scientifique obéit à une logique qui n'est pas celle d'un champ politique. Parler d'indifférenciation ou de « non-différenciation » du niveau politique et du niveau scientifique (Latour, 1987), c'est s'autoriser à mettre sur le même plan les stratégies scientifiques et les intrigues pour obtenir des fonds ou des prix scientifiques, et à décrire le monde scientifique comme un univers où l'on obtient des résultats grâce au pouvoir de la rhétorique et à l'influence professionnelle ; comme si le principe des actions était l'ambition associée à une rhétorique stratégique et guerrière et si les scientifiques se tournaient vers tel ou tel thème de recherche à seule fin de grimper dans l'échelle professionnelle comme d'autres manœuvrent pour obtenir le prix Nobel en se dotant d'un réseau large et dense.

Il est vrai que, dans le champ scientifique, les stratégies sont toujours bifaces. Elles ont une fonction pure et purement scientifique et une fonction sociale dans le champ, c'est-à-dire par rapport aux autres agents engagés dans le champ : par exemple, une découverte peut être un meurtre symbolique qui n'est pas nécessairement voulu comme tel (cela se voit lorsque, pour quelques jours ou parfois quelques heures, le chercheur devancé perd le profit de toute une vie de recherche) et qui est un effet secondaire de la logique structurale, distinctive, du champ. Mais je reviendrai sur ce point.

3. LE CAPITAL SCIENTIFIQUE, SES FORMES ET SA DISTRIBUTION

Les rapports de force scientifiques sont des rapports de force qui s'accomplissent notamment à travers des rapports de connaissance et de communication (Bourdieu, 1982, 2001b). Le pouvoir symbolique de type scientifique ne s'exerce que sur des agents qui ont les catégories de perception nécessaires pour le connaître et le reconnaître. C'est un pouvoir paradoxal (et, en un sens, hétéronome) qui suppose la « complicité » de celui qui le subit. Mais je dois d'abord rappeler les propriétés essentielles du capital symbolique. Le capital symbolique est un ensemble de propriétés distinctives qui existent dans et par la perception d'agents dotés des catégories de perception adéquates, catégories qui s'acquièrent notamment à travers l'expérience de la structure de la distribution de ce capital à l'intérieur de l'espace social ou d'un microcosme social particulier comme le champ scientifique. Le capital scientifique est un ensemble de propriétés qui sont le produit d'actes de connaissance et de reconnaissance accomplis par des agents engagés dans le champ scientifique et dotés de ce fait des catégories de perception spécifiques qui leur permettent de faire les différences pertinentes, conformes au principe de pertinence constitutif du *nomos* du champ. Cette perception *diacritique* n'est accessible qu'aux détenteurs d'un capital culturel incorporé suffisant. Exister scientifiquement, c'est avoir quelque chose en plus selon les catégories de perception en vigueur dans le champ, c'est-à-dire pour les pairs (« avoir apporté quelque chose »). C'est se distinguer (positivement) par un *apport distinctif.* Dans l'échange scientifique, le savant apporte une « contribution » qui lui est reconnue par des actes de reconnaissance publique tels que notamment la référence comme citation des sources de la connaissance utilisée. C'est dire que le capital scientifique est le produit de la reconnaissance des concurrents (un acte de reconnaissance apportant d'autant plus de capital que celui qui l'accomplit est lui-même plus reconnu, donc plus autonome et plus doté de capital).

Le capital scientifique fonctionne comme un capital symbolique de reconnaissance qui vaut d'abord, et parfois exclusivement, dans les limites du champ (bien qu'il puisse être reconverti en d'autres espèces de capital, notamment économique): le poids symbolique d'un savant tend à varier comme la valeur distinctive de ses contributions et l'*originalité* que ses pairs-concurrents reconnaissent à son apport distinctif. Le concept de *visibility*, en usage dans la tradition universitaire américaine, évoque bien la valeur différentielle de ce capital qui, concentré dans un nom propre connu et reconnu, distingue son porteur du fond indifférencié dans lequel se confond le commun des chercheurs anonymes (selon l'opposition forme/fond qui est au centre de la théorie de la perception : de là sans doute le rendement particulier des métaphores perceptives, dont la matrice est l'opposition entre le brillant et l'obscur, dans la plupart des taxinomies scolaires).

Bien qu'il lui soit étroitement lié, le capital symbolique ne se confond pas avec le capital culturel incorporé, c'est-à-dire la part plus ou moins grande des ressources scientifiques collectivement accumulées et théoriquement disponibles qui est appropriée et maîtrisée par les différents agents engagés dans le champ. La position occupée par un agent particulier dans la structure de la distribution de ce capital, telle qu'elle est perçue par les agents dotés de la capacité de l'apercevoir et de l'apprécier, est un des principes du capital symbolique qui est imparti à cet agent, dans la mesure où elle contribue à déterminer sa valeur distinctive, sa rareté, et où elle est généralement liée à sa contribution aux avancées de la recherche, à son apport et à sa valeur distinctive.

Le capital symbolique va au capital symbolique : le champ scientifique donne du crédit à ceux qui en ont déjà ; ce sont les plus connus qui profitent le plus des profits symboliques apparemment distribués à part égales entre les signataires dans les cas de signatures multiples ou de découvertes multiples par des gens inégalement fameux, – cela lors même que les plus connus ne prennent pas le premier rang, ce qui leur donne un profit de plus, c'est-à-dire d'apparaître comme désintéressés du point de vue des normes du champ. [En effet, bien qu'elles puissent paraître la démentir, les observations de Harriet A. Zuckerman sur les « modèles de rang de nomination chez les auteurs d'articles scientifiques » confirment la loi de la concentration que je viens d'énoncer : étant assurés d'une plus grande visibilité automatique, les détenteurs de prix Nobel peuvent manifester le désintéressement qui convient en cédant le premier rang. Mais je ne rappelle pas ici plus en détail la démonstration que j'ai faite dans l'article de 1975 (1975a).].

La reconnaissance par les pairs qui caractérise le champ tend à produire un effet de fermeture. Le pouvoir symbolique de type scientifique ne peut s'exercer sur le commun (comme pouvoir de faire voir et de faire croire) que s'il a été ratifié par les autres savants – qui contrôlent tacitement l'accès au « grand public », à travers notamment la vulgarisation. [Le capital politique est aussi un capital symbolique de connaissance et de reconnaissance ou de réputation, mais il est obtenu auprès de tous dans la logique du plébiscite.]

La structure du rapport de forces qui est constitutif du champ est définie par la structure de la distribution des deux espèces de capital (temporel et scientifique) qui sont agissantes dans le champ scientifique. Du fait que l'autonomie n'est jamais totale et du fait que les stratégies des agents engagés dans le champ sont inséparablement scientifiques et sociales, le champ est le lieu de deux espèces de capital scientifique : un capital d'autorité proprement scientifique et un capital de pouvoir sur le monde scientifique, qui peut être accumulé par des voies qui ne sont pas purement scientifiques (c'est-à-dire notamment au travers des institutions qu'il comporte) et qui est le principe bureaucratique de pouvoirs temporels sur le champ scientifique comme ceux des ministres et des ministères, des doyens, des recteurs ou des administrateurs scientifiques (ces pouvoirs temporels

sont plutôt nationaux, c'est-à-dire liés aux institutions nationales, notamment à celles qui régissent la reproduction du
corps des savants – comme les Académies, les comités, les
commissions, etc. – tandis que le capital scientifique est
plutôt international).

Il s'ensuit que, plus un champ est autonome, plus la
hiérarchie selon la distribution du capital scientifique se dif-
férencie, jusqu'à prendre une forme inverse de la hiérarchie
selon le capital temporel (dans certains cas, comme les facul-
tés des lettres et des sciences humaines que j'ai pu étudier
dans *Homo academicus* (1984), on a une structure chiasma-
tique, la distribution des pouvoirs temporels ayant une
forme inverse de la distribution du pouvoir spécifique, proprement scientifique).

Les jugements sur les oeuvres scientifiques sont contami-
nés par la connaissance de la position occupée dans les hiérarchies sociales (et cela d'autant plus que le champ est plus
hétéronome). Ainsi, Cole montre que, parmi les physiciens,
la fréquence de citation dépend de l'université d'appartenance et l'on sait que, plus généralement, le capital symbolique d'un chercheur, donc l'accueil fait à ses travaux, dépend
pour une part du capital symbolique de son laboratoire. C'est
ce que laisse échapper la microsociologie constructiviste, du
fait que les contraintes structurales qui pèsent sur les pratiques et les stratégies ne sont pas saisissables au niveau micro-
sociologique, c'est-à-dire à l'échelle du laboratoire, parce
qu'elles sont liées à la position du laboratoire dans le champ.

La logique des luttes scientifiques ne peut être comprise que si l'on prend en compte la dualité des principes de domination. Par exemple, les sciences dépendent, pour leur accomplissement, de deux types de ressources, les ressources proprement scientifiques, pour l'essentiel incorporées, et les ressources financières nécessaires pour acheter ou construire les instruments (comme le cyclotron de Berkeley) ou payer les personnels, ou les ressources administratives, comme les postes ; et, dans la concurrence qui les oppose, les chercheurs doivent toujours lutter pour conquérir leurs moyens spécifiques de production dans un champ où les deux espèces de capital scientifique sont efficientes.

La part que les chercheurs doivent faire, individuellement ou collectivement, aux activités orientées vers la recherche des ressources économiques, subventions, contrats, postes, etc. varie comme la dépendance de leur activité scientifique à l'égard de ces ressources (et, secondairement, selon leur position dans la hiérarchie du laboratoire): nulle, faible ou secondaire dans des disciplines comme les mathématiques ou l'histoire, elle devient très forte dans des disciplines comme la physique ou la sociologie. Et les instances bureaucratiques chargées de contrôler la distribution des ressources, comme en France les ministères ou le CNRS, peuvent arbitrer, par l'intermédiaire d'administrateurs scientifiques ou de commissions qui ne sont pas nécessairement les mieux placés pour le faire *scientifiquement*, les conflits scientifiques entre les chercheurs.

Les critères d'évaluation sont toujours en jeu dans le champ et il y a toujours une lutte à propos des critères qui permettent de régler les luttes (controverses). Le pouvoir que les administrateurs scientifiques exercent sur les champs scientifiques, et qui, en dépit qu'ils en aient, est loin d'être régi par des considérations strictement scientifiques (surtout quand il s'agit de sciences sociales), peut toujours s'appuyer sur les divisions internes des champs. Et, en ces domaines comme ailleurs, ce que j'appelle la loi du jdanovisme, et selon laquelle les plus démunis de capital spécifique, c'est-à-dire les moins éminents selon les critères proprement scientifiques, ont tendance à en appeler aux pouvoirs externes pour se renforcer, et éventuellement triompher, dans leurs luttes scientifiques, trouve un terrain d'application.

Pourquoi est-il important de porter au jour la structure du champ ? Parce que, en construisant la structure objective de la distribution des propriétés attachées aux individus ou aux institutions, on se dote d'un instrument de prévision des conduites probables des agents occupant des positions différentes dans cette distribution. Par exemple, des phénomènes sur lesquels la « nouvelle sociologie de la science » a attiré l'attention, comme la circulation et le processus de consécration et d'universalisation des travaux, dépendent des positions occupées dans la structure du champ par les savants concernés. On pose (et on observe) en effet que l'espace des positions commande (en termes de probabilités) l'espace homologue des prises de position, c'est-à-dire les stratégies et les interactions. (Cette hypothèse fait disparaître la séparation que font certains entre la science des savants et la science des œuvres scientifiques.) La connaissance des intérêts professionnels (liés à la position et aux dispositions) qui informent les préférences peut expliquer les choix entre différents possibles : par exemple, dans les luttes qui, au XIXe siècle, opposaient les chimistes et les physiciens, ces derniers, forts d'un capital physico-mathématique, mais connaissant mal la chimie, ont été souvent conduits à des erreurs et des impasses.

La structure du champ scientifique est définie, à chaque moment, par l'état du rapport de forces entre les protagonistes de la lutte, c'est-à-dire par la structure de la distribution du capital spécifique (sous ses différentes espèces) qu'ils ont pu accumuler au cours des luttes antérieures. C'est cette structure qui assigne à chaque chercheur, en fonction de la position qu'il y occupe, ses stratégies et ses prises de position scientifiques, et les chances objectives de réussite qui leur sont promises. Ces prises de position sont le produit de la relation entre la position dans le champ et les dispositions (l'habitus) de son occupant. Il n'est pas de choix scientifique – choix du domaine de recherche, choix des méthodes employées, choix du lieu de publication, choix, bien décrit par Hagstrom (1965 : 100), de publier rapidement des résultats partiellement vérifiés ou tardivement des résultats pleinement contrôlés – qui ne soit *aussi* une stratégie sociale

de placement orientée vers la maximisation du profit spécifique, indissociablement social et scientifique, procuré par le
champ et déterminée par la relation entre la position et les
dispositions que je viens d'énoncer.

Autrement dit, la connaissance des propriétés pertinentes
d'un agent, donc de sa position dans la structure de la distribution, et de ses dispositions, qui sont le plus souvent étroitement corrélées avec ses propriétés et sa position, permet de
prévoir (ou du moins de comprendre) ses prises de position
spécifiques (par exemple, le type de science qu'il va faire,
normale, reproductrice, ou au contraire, excentrique, risquée). Si l'on pouvait poser à un échantillon de tous les
savants français une dizaine de questions d'une part sur leur
origine sociale, leurs études, les positions qu'ils ont occupées,
etc., et d'autre part sur le type de science qu'ils pratiquent
(les questions en ce cas seraient très difficiles à élaborer et
supposeraient une longue pré-enquête), je pense qu'il serait
possible d'établir des relations statistiquement significatives,
du type de celles que j'ai établies dans d'autres domaines.

La relation entre l'espace des positions et l'espace des
prises de position n'est pas une relation de reflet mécanique :
l'espace des positions n'agit en quelque sorte sur les prises
de position que par l'intermédiaire des habitus des agents
qui appréhendent cet espace, leur position dans cet espace et
la perception que les autres agents engagés dans cet espace
ont de tout ou partie de cet espace. L'espace des positions
lorsqu'il est perçu par un habitus adapté (compétent, doté

du sens du jeu), fonctionne comme un *espace des possibles*, des manières possibles de faire la science, entre lesquelles il y a lieu de choisir ; chacun des agents engagés dans le champ, a une perception pratique des différentes réalisations de la science, qui fonctionne comme une *problématique*. Cette perception, cette vision, varie selon les dispositions des agents, et elle est plus ou moins complète, plus ou moins large ; elle peut laisser de côté, dédaigner comme sans intérêt ou sans importance, certains secteurs (les révolutions scientifiques ayant souvent pour effet de transformer la hiérarchie des importances). La relation entre l'espace des possibles et les dispositions peut fonctionner comme un système de censure, excluant *de facto*, sans même poser d'interdits, des voies et des moyens de recherche ; l'effet restrictif est d'autant plus grand que les agents sont plus démunis de capital symbolique et de capital culturel spécifiques (certains pouvant être amenés à exclure comme impossibles – « ce n'est pas pour moi » – des choix qui peuvent s'imposer tout à fait naturellement à d'autres).

Pour avoir un espace des possibles mathématiques qui soit reconnu comme mathématique par les autres mathématiciens, il faut être mathématicien. Cela étant posé, cet espace variera selon l'habitus des mathématiciens, leur compétence spécifique, leur lieu de formation, etc. et une des médiations de l'effet de l'espace des possibles sur les dispositions, ce sont les dispositions. Ainsi, on le voit, les causalités, en sociologie, prennent des formes très complexes : pour être justiciable d'un effet du champ des mathématiques, il faut être « prédisposé » mathématiquement. Autrement dit, celui qui est déterminé contribue à sa propre détermination, mais à travers des propriétés, comme les dispositions ou les capacités, qu'il n'a pas déterminées. Ce qui est engagé dans le fait de choisir tel ou tel sujet de thèse ou de s'orienter dans telle ou telle direction de la physique ou de la chimie, ce sont deux formes de détermination, soit, du côté de l'agent, sa trajectoire, sa carrière, et, du côté du champ, du côté de l'espace objectif, des effets structuraux qui agissent sur l'agent dans la mesure où il est constitué de manière à être « sensible » à ces effets et à contribuer ainsi lui-même à l'effet qui s'exerce sur lui. [Ceci, sans entrer dans des discussions philosophiques sur le déterminisme et la liberté, pour rappeler aux philosophes et autres sociologues qui font les philosophes que ce que nous disons est souvent plus compliqué que ce qu'ils disent à propos de ce que nous disons – et plus même peut-être que ce qu'ils disent dans ce qu'ils croient penser de plus compliqué sur la liberté.]

La perception de l'espace des positions, qui est à la fois connaissance et reconnaissance du capital symbolique et contribution à la constitution de ce capital (par des jugements qui s'appuient sur des indices comme le lieu de publication, la qualité et la quantité des notes, etc.), permet de s'orienter dans ce champ. Les différentes positions réalisées, lorsqu'elles sont appréhendées par un habitus bien constitué, sont autant de possibles, autant de manières possibles de faire ce que fait celui qui les perçoit (de la physique ou de la biologie), manières possibles de faire déjà faites, déjà réalisées, ou à faire, mais appelées par la structure des possibles déjà réalisés. Un champ enferme des virtualités, un avenir probable (qu'un habitus ajusté permet d'anticiper). Le monde physique a des tendances immanentes, et il en va de même du monde social. La science se propose d'établir l'état du monde et du même coup les tendances immanentes de ce monde, l'avenir probable de ce monde, ce qui ne peut pas advenir (l'impossible) ou ce qui a des chances, plus ou moins grandes d'advenir (le probable) ou, encore, mais il est plus rare qu'elle soit en mesure de le faire, ce qui doit nécessairement advenir (le certain). Connaître la structure, c'est se donner les moyens de comprendre l'état des positions et des prises de position, mais aussi le devenir, l'évolution, probable des positions et des prises de position. Bref, comme je ne cesse pas de le répéter, l'analyse de la structure, la statique, et l'analyse du changement, la dynamique, sont indissociables.

La statique et la dynamique sont inséparables, le principe de la dynamique se trouvant dans la statique du champ, dans les rapports de force qui le définissent : le champ a une structure objective qui n'est autre que la structure de la distribution (au sens à la fois statistique et économique du mot) des propriétés pertinentes, donc efficientes, des atouts agissants dans ce champ (ici le capital scientifique), et les rapports de force constitutifs de cette structure ; c'est dire que les propriétés, qui peuvent être traitées comme des propriétés logiques, des traits distinctifs permettant de diviser et de classer (en opposant et en rassemblant, comme on doit le faire pour construire la structure de la distribution), sont simultanément des enjeux, en tant qu'objets possibles d'appropriation, et des armes, en tant qu'instruments possibles de luttes appropriatives, pour les groupes qui se divisent ou se rassemblent à leur propos. L'espace des propriétés est aussi un champ de luttes pour l'appropriation.

Quand on utilise une technique statistique comme l'analyse des correspondances, on crée un espace à plusieurs dimensions dans lequel se distribuent à la fois des propriétés et les détenteurs de ces propriétés, par une opération classificatoire permettant de caractériser la structure de cette distribution ; mais il suffit de changer la définition de ces propriétés pour les considérer non plus comme des traits distinctifs d'une taxinomie classificatoire servant à différencier des agents et des propriétés dans un espace statique mais comme des atouts dans la lutte à l'intérieur du champ (par exemple l'ancienneté ou le fait d'avoir publié beaucoup de prix Nobel apparaissant de ce point de vue comme un des fondements du capital symbolique d'une maison d'édition) (Bourdieu, 1999), ou, mieux, comme des pouvoirs définissant le devenir prévisible du jeu qui va se jouer entre les agents détenteurs d'atouts inégaux du point de vue de la définition du jeu.

On peut recourir ici, pour représenter les différentes espèces de pouvoir (ou de capital), à la métaphore des piles

de jetons de différentes couleurs, qui sont la matériali-
sation à la fois des gains obtenus dans les phases précéden-
tes de la partie et des armes susceptibles d'être engagées
dans la suite du jeu, c'est-à-dire une sorte de synthèse du
passé et de l'avenir du jeu. On voit bien que décrire rigoureusement un état du jeu, c'est-à-dire la distribution des
acquis et des atouts, c'est décrire à la fois le devenir probable du jeu, les chances probables de gain des différents
joueurs, et leurs stratégies probables étant donné l'état
de leurs ressources (cela, dans l'hypothèse d'une stratégie
ajustée en pratique aux chances de gain, c'est-à-dire raison-
nable plutôt que rationnelle – comme l'est la stratégie de
l'habitus).

4. UNE LUTTE RÉGLÉE

Les agents, avec leur système de dispositions, avec leur compétence, leur capital, leurs intérêts, s'affrontent, à l'intérieur
de ce jeu qu'est le champ, dans une lutte pour faire reconnaître une manière de connaître (un objet et une méthode),
contribuant ainsi à conserver ou à transformer le champ de
forces. Un petit nombre d'agents et d'institutions concen-
trent un capital suffisant pour s'approprier en priorité les
profits procurés par le champ ; pour exercer un pouvoir sur
le capital détenu par les autres agents, sur les petits porteurs
de capital scientifique. Ce pouvoir sur le capital s'exerce en
fait à travers le pouvoir sur la structure de la distribution des

chances de profits. Les dominants imposent, par leur seule existence, comme norme universelle, les principes qu'ils engagent dans leur propre pratique. C'est ce que met en question l'innovation révolutionnaire qui bouleverse la structure de la distribution des chances de profit, et du même coup, réduit les profits de ceux dont les profits sont liés à la structure ancienne. Une grande innovation scientifique peut détruire des tas de recherches et de chercheurs comme par surcroît et sans s'inspirer de la moindre intention de nuire : cela contre la vision mesquine que peut suggérer l'analyse des stratégies scientifiques comme des manières de « rivaliser », inspirées par le désir d'être le premier ou de triompher des adversaires. On comprend que les innovations ne soient pas bien accueillies, qu'elles suscitent de formidables résistances qui peuvent s'armer de la diffamation, – très efficace contre un capital qui, comme tout capital symbolique, est *fama*, réputation, etc.

Les dominants imposent *de facto* comme norme universelle de la valeur scientifique des productions savantes les principes qu'ils engagent eux-mêmes consciemment ou inconsciemment dans leurs pratiques, notamment dans le choix de leurs objets, de leurs méthodes, etc. Ils sont constitués en exemples, en réalisations exemplaires de la pratique scientifique, en idéal réalisé, en normes faites hommes ; leur propre pratique devient la mesure de toutes choses, la bonne manière de faire qui tend à discréditer les autres manières. Ils consacrent certains objets en leur consacrant leurs investissements et, à travers l'objet même de leurs placements, ils tendent à agir sur la structure des chances de profit et, de ce fait, sur les profits procurés par les différents placements. [Ainsi, aujourd'hui, le CNRS emprunte les structures et surtout, peut-être, le lexique de la science américaine, imposant, comme si elle allait de soi, l'idée de « programme » (de recherche) ou des modèles institutionnels comme « le Fonds national de la science » (cela, le plus souvent, par l'intermédiaire de personnalités qui, ayant été consacrées par les USA, reproduisent comme le meilleur ou le seul possible le modèle qui les a consacrés).]

Les révolutionnaires, au lieu de se contenter de jouer dans les limites du jeu tel qu'il est, avec ses principes objectifs de formation des prix, transforment le jeu et les principes de formation des prix. Par exemple, une des manières de changer le mode de formation des prix en vigueur, consiste à changer le mode de formation des producteurs. C'est ce qui explique la violence que peuvent revêtir les luttes à propos du système d'enseignement supérieur (comme on peut en faire l'expérience dès qu'on participe à une commission sur les programmes, situation expérimentale tout à fait passionnante – j'ai vu des gens qui étaient à un an de la retraite et qui, en apparence, n'avaient aucun intérêt direct dans cette affaire, s'engager, pour défendre le maintien d'une heure de russe, de géographie ou de philosophie dans les programmes, dans des combats visant à perpétuer tout un système de croyances ou, mieux, d'investissements, en perpétuant la structure du système d'enseignement).

Les luttes de priorité opposent souvent celui qui a découvert un fait brut, souvent une anomalie par rapport à l'état de la connaissance, et celui qui, grâce à un équipement théorique plus avancé, l'a constitué en fait scientifique, constitutif d'une nouvelle manière de concevoir le monde. Les guerres épistémologiques sont souvent de ce type et opposent des contestants dotés de propriétés sociales différentes qui les prédisposent à se sentir en affinité avec l'un ou l'autre camp. Un des enjeux des luttes épistémologiques est toujours la valorisation d'une espèce de capital scientifique, de théoricien ou d'expérimentateur par exemple (chacun des contestants étant incliné à défendre l'espèce de capital dont il est particulièrement pourvu).

La définition de l'enjeu de la lutte scientifique fait partie des enjeux de la lutte scientifique. Les dominants sont ceux qui parviennent à imposer la définition de la science selon laquelle la réalisation la plus accomplie de la science consiste à avoir, être et faire ce qu'ils ont, sont ou font. C'est parce qu'il en est ainsi que l'on se heurte sans cesse à l'antinomie de la légitimité : dans le champ scientifique comme ailleurs, il n'existe pas d'instance à légitimer les instances de légitimité.

Les révolutions scientifiques bouleversent la hiérarchie des valeurs sociales attachée aux différentes formes de pratique scientifique, donc la hiérarchie sociale des différentes catégories de savants. Une des particularités des révolutions scientifiques, c'est qu'elles introduisent une transformation radicale tout en conservant les acquis antérieurs. Ce sont donc des révolutions qui conservent les acquis, – sans être des révolutions conservatrices, visant à bouleverser le présent pour restaurer le passé. Elles ne peuvent être accomplies que par des gens qui sont en un sens des capitalistes spécifiques, c'est-à-dire des gens capables de maîtriser tous les acquis de la tradition.

Les révolutions scientifiques ont pour effet de transformer la hiérarchie des importances, des choses considérées comme sans importance pouvant se trouver réactivées par une nouvelle manière de faire la science, et inversement, des secteurs entiers de la science pouvant tomber dans l'inactuel, le dépassé. Les luttes à l'intérieur du champ sont des luttes pour être ou rester actuel. Celui qui introduit une nouvelle manière légitime de faire bouleverse les rapports de force et introduit le temps. S'il ne se passait rien, il n'y aurait pas de temps ; les conservateurs veulent abolir le temps, éterniser l'état actuel du champ, l'état de la structure qui est conforme à leurs intérêts puisqu'ils y occupent la position dominante alors que les novateurs, sans même se soucier de concurrencer qui que ce soit, introduisent, par leur seule intervention, le changement et font la temporalité spécifique du champ. Il s'ensuit que chaque champ a son temps propre, une chronologie unique tendant à aplatir dans une fausse unilinéarité des temporalités différentes, les séries indépendantes correspondant aux différents champs qui peuvent d'ailleurs se rencontrer, à l'occasion notamment des crises historiques qui ont pour effet de synchroniser des champs dotés d'histoires et de temporalités différentes.

J'ai fait jusqu'ici comme si le sujet de la lutte scientifique était exclusivement un individu, un savant individuel. En fait, ce peut être aussi une discipline ou un laboratoire. Il faut s'arrêter un instant à la discipline. Dans l'usage ordinaire, on peut parler indifféremment, à propos de niveaux très différents de la division du travail scientifique, de discipline ou de sous-champ ou de spécialité (par exemple, on parlera de discipline pour désigner la chimie dans son ensemble, ou la chimie organique, la chimie physique, la chimie physique organique, la chimie quantique, etc.). Daryl E. Chubin distingue (Nye, 1993 : 2) la discipline (physique), le sous-champ (la physique des hautes énergies ou des particules), la spécialité (interactions faibles), la sous-spécialité (études expérimentales *vs* études théoriques).

La discipline est un champ relativement stable et délimité, donc relativement facile à identifier : elle a un nom reconnu scolairement et socialement (c'est-à-dire qui est présent notamment dans les classifications des bibliothèques comme la sociologie par opposition à la « médiologie » par exemple); elle est inscrite dans des institutions, des laboratoires, des départements universitaires, des revues, des instances nationales et internationales (congrès), des procédures de certification des compétences, des systèmes de rétribution, des prix.

La discipline est définie par la possession d'un capital collectif de méthodes et de concepts spécialisés dont la maîtrise constitue le droit d'entrée tacite ou implicite dans le champ. Elle produit un « transcendantal historique », l'habitus disciplinaire comme système de schèmes de perception et d'appréciation (la discipline incorporée agissant comme censure). Elle est caractérisée par un ensemble de conditions socio-transcendantales, constitutives d'un style. [J'ouvre ici une parenthèse sur la notion de style : les produits d'un même habitus sont marqués par une unité de style (style de vie, manière, écriture d'un artiste). Dans la tradition de la sociologie de la science, le thème du style est présent chez Mannheim, chez Ludwig Fleck (1980) qui parle de « styles de pensée », c'est-à-dire d'une « tradition de présupposés partagés » pour une grande part invisibles et jamais mis en question, et aussi de « collectif de pensée », communauté de gens qui échangent régulièrement des pensées : les pensées compatibles avec les présupposés fondamentaux du collectif sont intégrées, les autres rejetées. On a ainsi toute une série d'usages très proches qui valent tantôt pour une discipline dans son ensemble, tantôt pour un groupe, un collectif de pensée qui partage un savoir et des présupposés sur la méthodologie, l'observation, les hypothèses acceptables et les problèmes importants – Ian Hacking (1992) parle aussi de « systèmes fermés de pratique de la recherche » *(closed systems of research practice).*] Cette notion de « style » est importante pour au moins désigner, montrer du doigt, une propriété des différentes sciences, ou disciplines, qui a été écrasée, obnubilée, dans toute la réflexion sur la science, par le fait que la physique et, plus précisément, la physique quantique a été constituée en modèle exclusif de la scientificité, au nom d'un privilège social converti en privilège épistémologique par les épistémologues et les philosophes, peu armés pour penser les effets d'imposition sociale qui s'exerçaient sur leur pensée.

Les frontières de la discipline sont protégées par un droit d'entrée plus ou moins codifié, strict et élevé ; plus ou moins marquées, elles sont parfois l'enjeu de luttes avec des disciplines voisines. Il peut exister des intersections entre les disciplines, certaines, vides, certaines, pleines, qui offrent la possibilité d'extraire des idées et des informations d'un nombre et d'un éventail plus ou moins grand de sources. (La novation dans les sciences s'engendre souvent dans les intersections).

La notion de champ scientifique est importante parce qu'elle rappelle d'une part qu'il y a un minimum d'unité de la science, et d'autre part que les différentes disciplines occupent une position dans *l'espace (hiérarchisé) des disciplines* et que ce qui s'y passe dépend pour une part de cette position. Je m'arrêterai d'abord à la question de l'unité : le champ scientifique peut être décrit comme un ensemble de champs locaux (disciplines) qui ont en commun des intérêts (par exemple l'intérêt de rationalité, contre l'irrationalisme, l'anti-science, etc.) et des principes minimaux. Parmi les *principes unificateurs* de la science, je pense qu'il faut faire une très grande place à ce que Terry Shinn (2000) appelle les « instruments souches » (ultra-centrifugeuse, spectroscopie par transformées de Fourier, laser, compteur à scintillations), « instruments génériques », « choses épistémiques » *(epistemic things)* qui constituent « une forme coagulée de connaissance théorique » (Shinn, 2000), dans laquelle il faut englober aussi toutes les formes rationalisées, formalisées, standardisées de pensée comme les mathématiques, susceptibles de fonctionner comme instrument de découverte, et les règles de la méthode expérimentale. Ce capital scientifique de procédures standardisées, de modèles éprouvés, de protocoles reconnus que les chercheurs empruntent et combinent pour concevoir de nouvelles théories ou de nouveaux dispositifs expérimentaux (l'originalité pouvant consister, souvent, en une combinaison nouvelle d'éléments connus), agit comme un facteur d'unification et un antidote contre les forces centrifuges en imposant l'incorporation des règles présidant à sa mise en œuvre (protocoles d'emploi). Un autre principe unificateur est sans doute « l'effet de démonstration » qu'exerce la science dominante à chaque moment et qui est au principe d'emprunts entre sciences.

Une discipline est définie non seulement par des propriétés intrinsèques, mais par des propriétés qu'elle doit à sa position dans l'espace (hiérarchisé) des disciplines. Parmi les principes de différenciation entre les disciplines, un des plus importants est l'importance du capital de ressources collectives qu'elle a accumulé (et en particulier, les ressources de type théorético-formel) et, corrélativement, l'autonomie dont elle dispose à l'égard des contraintes externes, politiques, religieuses ou économiques. J'indiquerai, sans préciser davantage, qu'il y a deux principes de différenciation/ hiérarchisation entre les disciplines, le principe temporel, et le principe proprement scientifique.

Pour illustrer l'effet des ressources scientifiques, théorico-formelles, j'évoquerai les rapports entre la physique et la chimie en m'appuyant sur les livres de Nye (1993) et de Pierre Lazlo, *Miroir de la chimie* (2000). L'opposition entre la physique et la chimie se retrouve à tous les niveaux de différenciation et en particulier entre la physique mécanique fondée sur des fondements axiomatiques et mathématiques et une simple science taxinomique et classificatoire reposant sur des fondements descriptifs et empiriques. Et Pierre Lazlo évoque l'expérience vécue de cette relation objective lorsqu'il parle (Lazlo, 2000 : 243) de « syndrome de Lavoisier » pour décrire la gêne des chimistes à se dire chimistes : Lavoisier, le grand chimiste du XVIIIe siècle, préférait se dire physicien. Science descriptive et empirique, occupée à des tâches pratiques et appliquées (engrais, médicaments, verre, insecticides) et utilisant des recettes (d'où l'analogie avec la cuisine), la chimie est toujours décrite comme une servante (Nye, 1993 : 3, 57). Lazlo évoque l'« aspect infantile et ludique de la chimie » (Lazlo, 2000 : 243), qui, comme tous les autres traits déjà mentionnés, s'inscrit dans une homologie avec l'opposition entre le masculin et le féminin (qui se retrouve en toute clarté dans l'opposition entre physique théorique et chimie organique – Nye, 1993 : 6-7). Au début des années 1930, l'entrée en force dans la chimie des physiciens (London, Oppenheimer) favorise l'apparition chez les chimistes d'une « physique moléculaire » rattachée à la physique, avec ses revues périodiques, et rebaptisée conformément à la définition dominante.

S'il m'a paru important d'introduire la discipline, c'est que les luttes disciplinaires peuvent être un facteur de changement scientifique à travers toute une série d'effets, dont j'évoquerai un seul exemple, décrit par Ben-David et Collins dans un article classique à propos de ce que l'on a appelé « hybridisation » : l'hybridisation, c'est-à-dire le fait d'« ajuster les méthodes et les techniques d'un rôle ancien aux matériaux d'un nouveau rôle, avec l'intention délibérée de créer un nouveau rôle » se produit quand le champ A (la physiologie) offre des avantages compétitifs par rapport au champ B (la philosophie) et qu'il a un statut inférieur à lui (Ben-David et Collins, 1997): « La mobilité des scientifiques d'un domaine à un autre se fera lorsque les chances de succès (par exemple être reconnu, obtenir une chaire relativement jeune, apporter une contribution exceptionnelle) s'avèreront faibles dans une discipline, souvent à cause de la pléthore de candidats dans un domaine où le nombre de postes reste stable. Ils trouveront de meilleurs conditions de compétition. Dans ces circonstances, il y a de fortes chances que bon nombre de scientifiques iront dans un domaine proche où ils trouveront de meilleures conditions de compétition. Dans certains cas, cela signifiera qu'ils iront vers un domaine dont le statut est relativement inférieur à celui de leur domaine d'origine. Cela crée les conditions d'un conflit de rôles » (Ben-David et Collins, 1997 : 80). Le chercheur résout le conflit lié à la perte d'un statut supérieur sur le plan intellectuel et peut-être social « en innovant, c'est-à-dire en adaptant au nouveau rôle les méthodes et les techniques de l'ancien, dans le but délibéré de créer un nouveau rôle » (Ben-David et Collins, 1997 : 80), en opérant « une hybridation de rôle dans laquelle les méthodes de la physiologie seront appliquées au matériel de la philosophie (à leur point de plus grande convergence, c'est-à-dire la psychologie), de telle sorte que l'innovateur se distingue des praticiens plus traditionnels de la discipline la moins reconnue » (Ben-David et Collins, 1997 : 81). Bref, si on abandonne le langage inadéquat du « conflit de rôles » et de « l'hybridisation de rôles » et la philosophie de l'action qu'il implique, on peut dire (on verra, je l'espère, qu'il ne s'agit pas d'un simple changement de langage) que ce phénomène apparaît quand les représentants d'une discipline dominante (la philosophie dans le cas Fechner ou de Durkheim) se dirigent vers une discipline dominée (la psychologie ou la sociologie), ce qui entraîne pour eux une perte de capital, les obligeant en quelque sorte, pour récupérer leurs investissements et pour restaurer leur capital menacé, à exhausser la discipline envahie en y important les acquis de la discipline importée.

Mais la construction d'une discipline peut être aussi l'objectif d'une entreprise collective, orientée par des agents qui visent à s'assurer les moyens économiques et sociaux de réaliser un grand projet scientifique, découvrir « le secret de la vie » en l'occurrence. Je voudrais évoquer très brièvement – il faudrait pouvoir entrer dans tous les détails –, l'histoire de ceux que l'on a appelés les « *phage workers* », groupe doté d'une culture distinctive et d'une structure normative qui ont joué le rôle de facteurs d'intégration, notamment pour les étudiants formés par le groupe (Mullins, 1972). Histoire exemplaire qui montre l'erreur théorique et pratique que commettent ceux qui croient que l'on peut tirer de l'étude des laboratoires des principes de stratégies calculées d'« agrandissement de soi » et de « coups politiques » dans l'univers scientifique. On y voit à l'évidence que s'il y a bien tout un travail organisationnel de constitution de réseaux, etc., tout cela se passe selon une logique qui n'est pas du tout celle de l'intention, du calcul, ou, pour le dire en un mot, du cynisme. D'abord, on a un « groupe paradigme » *(paradigm group)* qui s'intéresse au même problème de recherche et constitue un réservoir de contacts potentiels. Puis des relations réelles s'instaurent à travers un « réseau de communication » *(network for communications)* qui s'accroît par cooptations successives. Puis, on voit se créer peu à peu un véritable *cluster*, sous l'impulsion de Max Delbrück qui organise le *summer phage course*. La reconnaissance en tant que groupe est fondée sur l'existence d'un style intellectuel commun (dogme central) et d'une vie sociale *(summer course)* et aussi, évidemment, sur les premières inventions. Un rôle déterminant revient au charisme du leader qui, bien qu'il ait fait de nombreuses erreurs (par exemple en essayant de détourner Watson de la chimie), a vu juste dans son choix du « *phage problem* » et dans son intention de trouver « le secret de la vie ». Le passage de l'état de *cluster* au statut de « spécialité » *(speciality)* est facilité par la tradition universitaire américaine de décentralisation et de compétition : « La biologie moléculaire a obtenu le statut de département dès le début des années 1960 ». Bref, la réussite se marque par la routinisation du charisme. Et l'on voit ainsi que l'on ne peut comprendre l'ascension ou le déclin d'une discipline, qu'à condition de prendre en compte à la fois son histoire intellectuelle et son histoire sociale, en allant depuis les caractéristiques sociales du leader et de son entourage initial jusqu'à des propriétés collectives du groupe comme son attraction sociale et sa capacité d'avoir des élèves.

C'est parce que le champ scientifique est, par certains côtés, un champ comme les autres mais qui obéit à une logique spécifique, que l'on peut comprendre, sans faire appel à une forme quelconque de transcendance, qu'il est un lieu historique où se produisent des vérités transhistoriques. La première, et sans doute la plus fondamentale, des propriétés singulières du champ scientifique est, comme on l'a vu, sa fermeture (plus ou moins totale) qui fait que chaque chercheur tend à n'avoir pas d'autres récepteurs que les chercheurs les plus aptes à le comprendre mais aussi à le critiquer, voire à le réfuter et à le démentir. La seconde, qui donne sa forme particulière à l'effet de censure impliqué dans cette fermeture, est le fait que la lutte scientifique, à la différence de la lutte artistique, a pour enjeu le monopole de la représentation scientifiquement légitime du « réel » et que les chercheurs, dans leur confrontation, acceptent tacitement l'*arbitrage du « réel »* (tel qu'il peut être produit par l'équipement théorique et expérimental effectivement disponible au moment considéré). Tout se passe comme si, adoptant une attitude proche de ce que les phénoménologues appellent « l'attitude naturelle », les chercheurs s'accordaient tacitement sur le projet de donner une représentation réaliste du réel ; ou, plus précisément, acceptaient tacitement l'existence d'une réalité objective par le fait de se donner le projet de chercher et de dire la vérité du monde et d'accepter d'être critiqués, contredits, réfutés, au nom de la référence au réel, ainsi constitué en arbitre de la recherche.

[Ce postulat ontologique en suppose un autre, l'idée qu'il y a du sens, de l'ordre, une logique, bref quelque chose à comprendre dans le monde, y compris dans le monde social (contre ce que Hegel appelait « l'athéisme du monde moral »); que l'on ne peut pas dire n'importe quoi à propos du monde (« *anything goes* », selon la formule chère à Feyerabend), parce que tout et n'importe quoi n'est pas possible dans le monde. Ce n'est pas sans quelque étonnement que l'on trouve une expression parfaite de ce postulat chez Frege : « Si tout était dans un flux continu et que rien ne se maintenait fixé pour toujours, il n'y aurait pas de possibilité de connaître le monde et tout serait plongé dans la confusion » (Frege, 1953 : VII). Ce postulat, qui n'a pas toujours été accepté pour le monde naturel, reste contesté – au nom, notamment de la dénonciation du « déterminisme » – à propos du monde social.]

Si l'analyse sociologique du fonctionnement du champ scientifique ne condamne nullement à un relativisme radical, si l'on peut et si l'on doit admettre que la science est un fait social de part en part historique sans en conclure que ses productions sont relatives aux conditions historiques et sociales de leur émergence, c'est que le « sujet » de la science est non un collectif intégré (comme le pensaient Durkheim et la tradition mertonienne), mais un champ et un champ tout à fait singulier, dans lequel les rapports de force et de lutte entre les agents et les institutions sont soumis aux lois spécifiques (dialogiques et argumentatives) découlant des deux propriétés fondamentales, étroitement liées entre elles, la fermeture (ou la concurrence des pairs) et l'arbitrage du réel, que j'ai énoncées ci-dessus. La logique elle-même, la nécessité logique, est la norme sociale d'une catégorie particulière d'univers sociaux, les champs scientifiques, et elle s'exerce à travers les contraintes (notamment les censures) socialement instituées dans ces univers.

Pour fonder cette proposition, il faut mettre en question tout un ensemble d'habitudes de pensée, comme par exemple celle qui incline à percevoir le rapport de connaissance comme une relation entre un savant singulier et un objet. Le sujet de la science n'est pas le savant singulier, mais le champ scientifique, comme univers de relations objectives de communication et de concurrence réglées en matière d'argumentation et de vérification. Les savants ne sont jamais les « génies singuliers » qu'en fait l'histoire hagiographique : ce sont des sujets collectifs qui, en tant qu'histoire collective incorporée, actualisent toute l'histoire pertinente de leur science – je pense par exemple à Newton ou Einstein –, et qui travaillent au sein de collectifs avec des instruments qui sont eux-mêmes de l'histoire collective objectivée. Bref, la science est un immense appareil de construction collectif collectivement utilisé. Dans un champ scientifique très autonome, où le capital collectif de ressources accumulées est énorme, c'est le champ qui « choisit » les habitus propres à réaliser ses tendances propres – ce qui ne veut pas dire que les habitus soient sans importance, dans la mesure où ils déterminent l'orientation des trajectoires individuelles dans l'espace des possibles offerts par un état du champ –, alors que dans un champ dont l'autonomie est sans cesse menacée – comme le champ de la sociologie, qui intéresse beaucoup de gens qui voudraient la mettre à leur service, etc. – les habitus contribuent fortement, sauf vigilance spéciale, à orienter les pratiques.

La lutte scientifique doit aussi sa spécificité (et ce pourrait être le troisième principe de différences par rapport à la lutte artistique, elle aussi caractérisée, aux stades les plus avancés, par la fermeture) au fait que les concurrents pour le monopole de la représentation légitime de la réalité objective (légitime signifiant susceptible d'être reconnue, validée ou, mieux *homologuée*, au sens fort de la racine grecque, en l'état des instruments de communication, de connaissance et de critique) disposent d'un immense équipement collectif de construction théorique et de vérification ou falsification empirique dont la maîtrise est exigée de tous les participants à la compétition. (Je pourrais, ici encore, invoquer Terry Shinn : la science est de plus en plus dépendante de toute la technologie de la recherche (« research technology »), qui tend de plus en plus à s'autonomiser pour devenir une discipline offrant, selon la logique de son propre développement, de nouvelles possibilités aux autres disciplines.) Cet équipement ne cesse de s'accroître de tous les acquis nouveaux de la recherche, acquis en matière de connaissance de l'objet qui sont inséparables d'acquis en matière d'instruments de connaissance.

[Il faut moins de temps pour s'approprier les ressources accumulées à l'état objectivé (dans les livres, les instruments, etc.) qu'il n'en a fallu pour les accumuler, ce qui est (avec la division du travail) une des raisons de la cumulativité de la science et du progrès scientifique. Si un mathématicien de vingt ans peut maîtriser suffisamment les acquis historiques de sa discipline pour apporter des choses nouvelles, c'est en partie par les vertus de la formalisation et des capacités de condensation générative qu'elle procure. Leibniz avait eu l'intuition de ce phénomène lorsqu'il défendait contre Descartes le rôle de ce qu'il appelait l'*evidentia ex terminis*, l'évidence qui sort de la logique même des formules logiques de type algébrique, de leurs transformations, de leurs développements, et qui s'oppose à l'évidence cartésienne (notamment en ce qu'elle est indépendante des fluctuations de l'intelligence ou de l'attention), dont elle permet de faire l'économie.]

5. HISTOIRE ET VÉRITÉ

L'objectivité est un produit social du champ qui dépend des présupposés acceptés dans ce champ, notamment en ce qui concerne la manière légitime de régler les conflits (par exemple, la cohérence entre les faits et la théorie ou la réplicabilité). Les principes de la logique et de la méthode expérimentale sont mis en jeu en permanence dans leur mise en pratique à l'occasion des transactions et des négociations qui accompagnent le processus de publication et d'universalisation. Les règles épistémologiques ne sont pas autre chose que les règles et les régularités sociales inscrites dans les structures et/ou les habitus, notamment en ce qui concerne la manière de conduire une discussion (les règles d'argumentation) et de régler un conflit. Les chercheurs s'arrêtent dans leur expérimentation lorsqu'ils pensent que leur expérience est conforme aux normes de leur science et qu'elle peut affronter les critiques anticipées. [On voit que le discours scientifique est soumis à la loi générale de la production de discours, production qui est toujours orientée par l'anticipation (inconsciente, sur la base des dispositions) des profits, positifs ou négatifs, proposés par un certain marché, chaque locuteur s'affrontant à un certain état du marché, c'est-à-dire de la censure sociale qu'il anticipe.

(Bourdieu, 1982, 2001b)] La connaissance scientifique est ce qui a survécu aux objections et qui peut résister aux objections à venir. L'opinion validée est celle qui est reconnue, au moins négativement, parce qu'elle ne suscite plus d'objections pertinentes ou qu'il n'y a pas de meilleure explication. Dans ces luttes qui acceptent pour arbitre le verdict de l'expérience, c'est-à-dire de ce que les chercheurs s'accordent pour considérer comme le réel, le vrai est l'ensemble des représentations considérées comme vraies parce que produites selon les règles définissant la production du vrai ; c'est ce sur quoi s'accordent des concurrents qui s'accordent sur les principes de vérification, sur des méthodes communes de validation des hypothèses.

Dans un univers comme celui de la science, les constructions individuelles, qui sont toujours en fait des constructions collectives, sont engagées dans des transactions réglées non par les règles transcendantes d'une épistémologie, d'une méthodologie ou même de la logique, mais par les principes de sociabilité spécifiques imposés par l'appartenance au champ qui sont tels que si on les ignore ou les transgresse on s'exclut. Je pense ici à une description des traitements terribles, parfois meurtriers, auxquels l'auteur d'un exposé peut être soumis dans un séminaire, et qui sont parfaitement légitimes, irréprochables même, dans la mesure où ils sont exercés dans l'impeccabilité formelle par les détenteurs de la maîtrise des règles implicites tacitement acceptées par tous ceux qui entrent dans le jeu (Tompkins, 1988).

Dans le droit d'entrée tacite associé à l'*illusio* ordinaire qui définit l'appartenance au champ scientifique est impliquée l'acceptation de l'état des normes concernant la validation d'un fait scientifique, et, plus précisément, la reconnaissance du principe même de la raison dialectique : le fait de jouer le jeu de la discussion, du dialogue (au sens socratique), de soumettre ses expériences et ses calculs à l'examen critique, de s'engager à répondre de sa pensée devant les autres, et de manière responsable, c'est-à-dire dans la constance à soi-même, sans contradiction, bref en se pliant aux principes pratiques d'un ethos de l'argumentation. La connaissance repose non sur l'évidence subjective d'un individu isolé mais sur l'expérience collective, réglée par des normes de communication et d'argumentation.

Il s'ensuit que la vision bachelardienne du travail scientifique, que j'ai résumée dans la formule, le fait scientifique est conquis, construit, constaté, doit être élargie et complétée. On pense tacitement que la construction doit être validée par l'expérience, dans un rapport entre l'expérimentateur et son objet. En fait, le processus de validation de la connaissance comme *légitimation* (assurant le monopole de l'opinion scientifique légitime) concerne le rapport entre le sujet et l'objet, mais aussi le rapport entre les sujets et surtout les rapports entre les sujets à propos de l'objet (j'y reviendrai). Le fait est conquis, construit, constaté dans et par la communication dialectique entre les sujets, c'est-à-dire à travers le processus de vérification, de production collective de la vérité, dans et par la négociation, la transaction et aussi l'homologation, ratification par le consensus explicitement exprimé – *homologein* – (et non pas seulement dans la dialectique entre l'hypothèse et l'expérience). Le fait ne devient vraiment un fait scientifique que s'il est reconnu. La construction est deux fois déterminée socialement : d'un côté, par la position du laboratoire ou du savant dans le champ ; de l'autre, par les catégories de perception associées à la position du récepteur (l'effet d'imposition, d'autorité, étant d'autant plus fort que celui-ci est plus bas relativement).

Le fait scientifique n'est complètement réalisé comme fait scientifique que lorsqu'il est fait par la totalité du champ et que tout le monde a collaboré à en faire un fait connu et reconnu : par exemple, les récepteurs d'une découverte collaborent à sa vérification en essayant (en vain) de la détruire, de la réfuter. Constaté, signifie collectivement validé dans un travail de communication aboutissant à la reconnaissance universelle (dans la limite du champ, c'est-à-dire de l'univers des connaisseurs compétents). L'idée vraie a une force intrinsèque à l'intérieur de l'univers scientifique, sous certaines conditions sociales. C'est une force de conviction qui s'impose à l'adversaire concurrent qui essaie de la réfuter et qui est obligé de rendre les armes. Les adversaires collaborent au travail de vérification par le travail qu'ils font pour critiquer, corriger, réfuter.

Comment des chercheurs qui sont en concurrence pour le monopole de la vérité peuvent-ils arriver à *homologein,* dire la même chose, dire le même ? [Parenthèse : les sciences sociales, et tout particulièrement la sociologie, ont peine à imposer cette ambition du monopole, qui pourtant est inscrite dans le fait que « la vérité est une », parce que, au nom, entre autres choses, d'une contamination de l'ordre scientifique par des principes de l'ordre politique et de la démocratie, on voudrait que la vérité soit « plurielle », comme on dit aujourd'hui, et que différents pouvoirs à dimension symbolique, politiques et religieux notamment, et surtout journalistiques, soient armés socialement pour revendiquer avec des chances de succès le droit à dire le vrai sur le monde social.] L'*homologein*, l'accord rationnel, est le produit du dialogue, de la discussion, mais pas n'importe quel dialogue, un dialogue soumis aux règles de la dialectique (j'ai rappelé dans les *Méditations pascaliennes* (1997), dans un bref résumé d'une recherche que j'avais entreprise, il y a longtemps, avec Jean Bollack, sur le passage de la raison analogique à la raison logique dans la Grèce antique, que le développement progressif de la dialectique et du dialogue réglé accompagne l'émergence d'un champ philosophique où se construit peu à peu la police de la pensée policée dans et par laquelle les adversaires apprennent à s'accorder sur les terrains de désaccord et sur les moyens de régler les différents).

Le travail de vérification et l'*homologein* qui le ratifie et le consacre supposent l'accord des observateurs sur le principe de l'homologation. Jacques Merleau-Ponty décrit l'émergence, dans les sciences des XIXᵉ et XXᵉ siècles, de l'idée d'une « communauté qui se définit par les opérations qui permettent à chacun de s'accorder aux autres » (Merleau-Ponty, 1965). L'invariant ne se définit plus par l'immuable, mais par « l'identité pour toute une classe d'observateurs ». La définition de l'objectivité qui en résulte ne repose plus sur l'opération d'un individu isolé qui se met à l'écoute de la nature, mais elle fait intervenir « l'idée d'identité pour une classe d'observateurs et de communicabilité dans une communauté intersubjective ». L'objectivité dépend de « l'accord d'une classe d'observateurs au sujet de ce qui est enregistré sur les appareils de mesure dans telle situation expérimentale bien précise ». On peut donc dire qu'il n'est pas de réalité objective indépendante des conditions de son observation sans mettre en doute le fait que ce qui se manifeste, une fois ces conditions déterminées, conserve un caractère d'objectivité.

On peut aussi invoquer, dans cette perspective, les analyses de Jean-Claude Passeron montrant les manières particulières dont le langage théorique est articulé sur des protocoles empiriques (Passeron, à paraître : 106-107) ou l'idée de Ian Hacking selon laquelle il y a une correspondance entre une théorie et les instruments qu'elle emploie : « Nous créons un appareillage qui engendre des données qui confirment les théories ; nous jugeons l'appareillage d'après sa capacité à produire des données qui collent » (Hacking, 1992 : 54). L'incommensurabilité résulte du fait que « les phénomènes sont produits par des techniques fondamentalement différentes et des théories différentes répondant à des phénomènes différents qui ne sont que faiblement *(loosely)* connectés » (Hacking, 1992 : 57).

On voit que, si elles ont eu le mérite de mettre l'accent sur la contribution que le processus de circulation, oublié par l'épistémologie traditionnelle, apporte à la construction du fait scientifique, les études de laboratoire ont oublié ou grandement sous-estimé la logique inséparablement sociale et intellectuelle de cette circulation et les effets de contrôle logique et empirique, et par là, d'*universalisation* qu'elle produit. La circulation critique est un processus de départicularisation, de publication, au double sens d'officialisation et d'universalisation, aboutissant à ce que Eugène Garfield appelle « l'oblitération de la source des idées, des méthodes et des découvertes par leur incorporation dans la connaissance admise » (Garfield, 1975). (La plus grande consécration que puisse connaître un chercheur consistant à pouvoir se dire l'auteur de concepts, d'effets, etc. devenus anonymes, sans sujet). Il faudrait reprendre ici la très belle analyse de Gerald Holton qui montre comment Robert Millikan a conquis l'assentiment *(assent)* à propos de son travail avec des gouttes d'huile parce qu'il a pris soin de publier ses expériences privées (Holton, 1978). C'est aussi dans cette perspective que prennent tout leur sens des études visant à comprendre la transition complexe de la « privacy » du laboratoire à la « publicity » du champ comme celles de Owen Hannaway (1988) ou Stephen Shapin (1988). Les épistémologues ignorent ce passage et la transmutation à laquelle

il donne lieu, mais les sociologues qui identifient publication et publicité n'ont pas davantage les moyens d'en saisir
la logique, *inséparablement épistémologique et sociale*, celle-là
même qui définit le processus socio-logique de véri-fication.

[En effet, s'il est bon de prendre acte du rôle de la « publication »,
entendue comme le fait de rendre public, de devenir public *(Öffentlich-
keit)*, celle-ci n'est pas une forme de publicité ou de relations publiques,
comme certains défenseurs de la nouvelle sociologie de la science sem-
blent le croire, – et sans doute de bonne foi, puisqu'ils essaient de mettre
leur idée du succès au service du succès de leurs idées et qu'ils agissent
conformément à leur image des savants, qu'ils voient à leur image... Mettant en pratique leur vision du monde scientifique, ils entendent créer
des réseaux dans lesquels se constitue la reconnaissance de leur importance : la vérité sociale est au bout de l'épreuve de force et il faut donc
être en position de force, dans les revues, les maisons d'édition, etc., pour
avoir socialement raison des adversaires.]

Mais il y a une autre manière de pervertir la logique de
l'officialisation-universalisation qui est rendue possible par
le fait qu'on peut mimer, singer les apparences de l'universa-
lité. Dans mon travail sur Heidegger, *L'Ontologie politique
de Martin Heidegger* (1988a), j'essaie de décrire le processus
par lequel on peut donner les apparences de la systématicité
et de la nécessité à un lexique, qui se présente ainsi comme
indépendant de l'agent historique qui le produit et des
conditions sociales dont il est le produit. Je pourrais citer
mille exemples, dans la littérature sociologique et surtout
économique, d'un tel travail social de neutralisation qui, en

mimant les effets d'universalisation des sciences de la nature, peut produire des effets de science parfaitement trompeurs. J'aurais aimé avoir le temps de lire et de commenter ici une longue lettre de Wassily Leontief, intitulée « Academic Economics » (Leontief, 1982), à propos de l'économie et montrant que cette discipline fonde son autorité scientifique sur une organisation collective autoritaire visant à maintenir la croyance collective et la discipline des « membres plus jeunes de l'université » *(younger faculty members).*

Le processus de dépersonnalisation, d'universalisation, de départicularisation dont le fait scientifique est le produit a d'autant plus de chances de s'effectuer réellement que le champ est plus autonome et plus international (de tous les champs spécialisés, le champ scientifique est sans doute celui qui est le moins enfermé dans les frontières nationales et où le poids relatif des « nationaux » est le moins grand : le degré d'internationalisation, que l'on peut mesurer à différents indicateurs, comme la langue utilisée, les lieux de publication, nationaux ou extérieurs, etc., est un des bons indices du degré d'autonomie). Je citerai ici Ben-David : « L'octroi de la reconnaissance scientifique est généralement un processus supranational et, au moins jusqu'à un certain point, supra-disciplinaire ; les effets d'un quelconque parti-pris dans le jugement s'en trouvent donc minimisés.» (Ben-David, 1997 : 283). Du fait que, comme je l'ai dit précédemment, le capital temporel est plus lié aux instances nationales, aux institutions temporellement dominantes, comme les académies, et dépendantes à l'égard des autorités temporelles, qu'elles soient économiques ou politiques, le processus d'universalisation prendra presque nécessairement la forme d'une internationalisation comme dénationalisation.

L'international est en effet un recours contre les pouvoirs temporels nationaux, surtout dans les situations de faible autonomie. Et je citerai ici, encore une fois, Ben-David : « Le scientifique rejeté de sa discipline par une autorité avait plusieurs cours d'appel à sa disposition. Il pouvait soumettre son article à plusieurs revues, le présenter sous forme de livre à toute la communauté scientifique, comme le fit Darwin, ou confirmer sa théorie par des expériences sensationnelles, comme Pasteur et Koch. Ces appels se faisaient tous devant des organismes et des publics complètement indépendants des organismes d'enseignement et de recherche, et souvent à objectifs interdisciplinaires et à composition internationale » (Ben-David, 1997 : 279).

Quelles sont les conséquences proprement épistémologiques de ces analyses ? Les luttes à propos du monopole de la représentation scientifiquement légitime doivent leur spécificité (il faudrait dire leur exceptionnalité) au fait que, à la différence notamment de ce qui s'observe dans le champ artistique, la logique de la concurrence conduit (ou contraint) les savants à mettre en oeuvre à chaque moment tous les instruments de connaissance disponibles et tous les moyens de vérification qui ont été accumulés au cours de

toute l'histoire de la science, et à donner ainsi sa pleine efficacité au pouvoir d'arbitrage de la « réalité » (construite et
structurée selon des principes socialement définis).

Substituer au rapport entre un sujet (le savant) et un
objet, un rapport entre les sujets (l'ensemble des agents
engagés dans le champ) à propos du rapport entre le sujet
(le savant) et son objet, conduit à rejeter à la fois et la vision
réaliste naïve selon laquelle le discours scientifique est un
reflet direct de la réalité, un pur enregistrement, et la vision
constructiviste relativiste, selon laquelle le discours scientifique est le produit d'une construction, orientée par des
intérêts et des structures cognitives, qui produirait des
visions multiples, sous-déterminées par le monde, de ce
monde. [On peut remarquer en passant que le relativisme repose sur
un réalisme, c'est-à-dire par exemple sur le constat qu'il y a des interprétations diverses et variables d'une réalité inchangée ; ou que ce que les
savants disent s'oppose à ce qu'ils font en réalité.] La science est une
construction qui fait émerger une découverte irréductible à la
construction et aux conditions sociales qui l'ont rendue
possible.

De même qu'il faut dépasser l'alternative du constructi-
visme idéaliste et du positivisme réaliste vers un *rationalisme
réaliste* qui tient que la construction scientifique est la
condition de l'accès à l'avènement du « réel » que l'on
appelle découverte, il faut dépasser l'opposition entre
la vision naïvement idéalisée de la « communauté scientifique » comme règne enchanté des fins de la raison et la

vision cynique qui réduit les échanges entre savants à la brutalité calculée de rapports de force politiques. La vision pessimiste de la science ne voit que la moitié de la vérité : elle oublie que, dans la science comme dans l'existence ordinaire, les stratégies d'officialisation par lesquelles on « se met en règle » font partie de la réalité au même titre que les transgressions de la règle officielle, et qu'elles contribuent à la perpétuation et à l'affirmation de la règle et de la croyance dans la règle sans quoi il n'est plus de régularité ni de conformité minimale, extérieure, formelle, à la règle.

La ruse de la raison scientifique consiste à faire de la nécessité avec de la contingence, du hasard, et à faire de nécessité sociale vertu scientifique. La vision officielle de la science est une hypocrisie collective propre à garantir le minimum de croyance commune qui est nécessaire au fonctionnement d'un ordre social ; l'autre face de la science est à la fois universellement connue de tous ceux qui participent du jeu et unanimement dissimulée, comme un secret de Polichinelle (les économistes parleraient de *common knowledge*) jalousement gardé. Tout le monde sait la vérité des pratiques scientifiques, que les nouveaux sociologues de la science découvrent et dévoilent à grand bruit, et tout le monde continue à faire semblant de ne pas savoir et de croire que ça se passe autrement. Et si l'hommage que le vice rend à la vertu est si unanime, si indiscuté, et si puissamment affirmé dans toutes les stratégies d'universalisation, c'est que l'essentiel, lors même que l'on est contraint de transgresser la règle, est d'éviter de dénoncer la règle qui est au fondement de la croyance *(illusio)* du groupe en ratifiant les pratiques, pourtant communes, qui la transgressent et la contredisent. La science marche, pour une grande part, parce qu'on parvient à croire et à faire croire qu'elle marche comme ont dit qu'elle marche, notamment dans les livres d'épistémologie, et parce que cette fiction collective collectivement entretenue continue à constituer la norme idéale des pratiques.

On peut revenir maintenant à la question que j'avais posée au début, celle des rapports entre la vérité et l'histoire, qui est au cœur de la lutte séculaire entre la philosophie et les sciences sociales ; en commençant, comme je n'ai pas cessé de le répéter, par récuser les deux termes de l'alternative communément admise, d'une part l'absolutisme logiciste qui prétend donner des fondements logiques a priori à la connaissance scientifique, d'autre part le relativisme historiciste. Mais je dois d'abord dessiner à grands traits la ligne générale de la démarche que je veux suivre : dans un premier temps, j'ai substitué aux conditions universelles et aux a priori de Kant des conditions et des a priori socialement constitués, comme Durkheim l'a fait pour la religion et les principes religieux de classification et de construction du monde dans *Les Formes élémentaires de la vie religieuse* et dans son article sur « Les formes primitives de classification » ; dans un deuxième temps, je voudrais montrer comment le processus d'historicisation de l'interrogation kantienne doit s'achever dans une objectivation scientifique du sujet de l'objectivation, une sociologie du sujet connaissant dans sa généralité et sa particularité, bref, par ce que j'appelle une entreprise de réflexivité, visant à objectiver l'inconscient transcendantal que le sujet connaissant investit sans le savoir dans ses actes de connaissance ou, si l'on veut, son habitus comme transcendantal historique, dont on peut dire qu'il est a priori en tant que structure structurante qui organise la perception et l'appréciation de toute expérience et a posteriori en tant que structure structurée produite par toute une série d'apprentissages communs ou individuels.

Pour éviter que, comme il arrive le plus souvent, l'apport de la sociologie coexiste sur un plan parallèle, mais socialement et intellectuellement inférieur (la hiérarchie des disciplines est présente aussi dans les cerveaux), avec une tradition de réflexion dominante pratiquement intouchée et inchangée, je rappellerai que, dans une perspective kantienne, l'objectivité est intersubjectivité, validation intersubjective et s'oppose donc à toute forme de réalisme visant à fonder la vérité sur l'« adéquation de la chose et de l'esprit » ; mais Kant ne décrit pas les procédures empiriques par lesquelles on parvient à cet accord intersubjectif – dont il est admis, ou posé a priori, au nom de la coupure entre le transcendantal et l'empirique, qu'il est fondé sur l'accord des consciences transcendantales qui, ayant les mêmes structures cognitives, sont accordées universellement sur le même universel. L'objectivité, la vérité, la connaissance ne se réfèrent pas à une relation de correspondance entre l'esprit humain et une réalité indépendante de l'esprit. En insistant sur le fait que nous n'avons pas accès à la connaissance des « choses en soi », Kant récuse toute interprétation réaliste. Mais il n'entend pas proposer par là une explication du fonctionnement de la science naturelle considérée comme un phénomène empirique ; au contraire, il distingue entre la tâche « transcendantale » de la philosophie, c'est-à-dire l'énonciation des conditions nécessaires de la connaissance vraiment scientifique, de la structure spatio-temporelle qui rend possible les phénomènes, et la tâche « empirique » des différentes sciences.

C'est pourtant dans une perspective kantienne, mais totalement exclue par Kant, au nom de la coupure entre le transcendantal et l'empirique, que je me suis placé, en me donnant pour objet la recherche des *conditions socio-transcendantales de la connaissance*, c'est-à-dire de la structure sociale ou socio-cognitive (et pas seulement cognitive), empiriquement observable (le champ, etc.), qui rend possible les phénomènes tels que les appréhendent les différentes sciences ou, plus précisément, la construction de l'objet scientifique et du fait scientifique.

Les positivistes logiques continuent à poser que l'objectivité scientifique n'est possible qu'en vertu d'une construction mathématique a priori qui doit être imposée à la nature pour qu'une science empirique de la nature soit possible. Mais cette structure mathématique sous-jacente n'est pas, comme le voulait Kant, l'expression de lois éternelles et universelles de la pensée. Ces constructions a priori doivent être décrites comme des langages. Et c'est ici qu'on rencontre Henri Poincaré qui, réfléchissant sur les géométries non-euclidiennes, insiste sur le fait que ces constructions doivent être décrites comme de « libres conventions ». [Henri Poincaré appelle « conventions » les principes des sciences qui ne sont ni des évidences, ni des généralisations expérimentales, ni des hypothèses posées par conjecture en vue d'en faire la vérification. « Les axiomes mathématiques ne sont ni des jugements synthétiques a priori, ni des faits expérimentaux. Ce sont des conventions, notre choix, parmi toutes les conventions possibles, est guidé par des faits expérimentaux ; mais il reste libre et n'est limité que par la nécessité d'éviter toute contradiction » (Poincaré, 1968, 2e part., chap. III). La géométrie euclidienne n'est pas la plus vraie, mais la plus commode (Poincaré, 1968, 2e part., chap. IV). Il insiste aussi sur le fait que ces conventions ne sont pas « arbitraires », mais qu'elles ont « une origine expérimentale ».] En fait, Poincaré introduit le loup sociologique dans la bergerie mathématique et dans la vision toujours un peu pastorale qu'elle encourage, avec ce mot de « convention » dont il ne développe pas du tout les implications sociales, mais qui met en question l'idée de validité universelle et invite à interroger les conditions sociales de cette validité conventionnelle.

Poincaré est très proche du Rudolf Carnap qui, en 1934, pose qu'il n'y a pas de notion de validité universelle indépendamment des règles particulières et diverses des calculs formellement spécifiables, également possibles et légitimes. Les notions de « rationalité » ou d'objectivité sont « relatives » au choix de tel ou tel langage ou cadre linguistique. Les règles linguistiques particulières d'un cadre linguistique donné définissent ce qui est correct. Le choix entre différents cadres ne peut être que l'effet d'une libre convention gouvernée par des critères pragmatiques et non rationnels. D'où le principe de tolérance. Dans un article intitulé « Empiricism, Semantics and Ontology » (1950), Carnap distingue les questions internes, et les questions externes : les premières se posent dans les limites d'un cadre linguistique et on peut y répondre dans les limites des règles logiques de ce cadre linguistique déjà choisi et accepté par rapport auxquelles les notions d'objectivité, de rationalité, de validité et de vérité ont un sens. Les questions externes concernent le choix entre différents cadres linguistiques, choix qui obéit à des critères purement pragmatiques d'ajustement à telle ou telle fin.

Cette distinction de Carnap est tout à fait analogue à la distinction de Kuhn entre science normale et science révolutionnaire : les activités de résolution d'énigmes (« puzzle-solving ») de la science normale s'appuient sur l'arrière-fond d'un paradigme généralement accepté qui définit, de manière relativement indiscutée, ce qui peut valoir comme une solution correcte ou incorrecte. Dans les situations révolutionnaires au contraire, le cadre d'arrière-plan qui seul peut définir la « correction » est lui-même en question. C'est dans ce cas que l'on est affronté au choix entre des paradigmes concurrents et que les critères transcendants de rationalité font défaut. Et l'émergence d'un nouveau consensus ne peut s'expliquer que par des facteurs non-rationnels.

Ainsi la mise en question des critères universels de rationalité était déjà préfigurée dans la tradition philosophique qui avait évolué d'un universalisme « transcendantal » de type kantien vers une notion de la rationalité déjà relativisée comme chez Carnap. Kuhn ne fait que retrouver la tradition kantienne de l'a priori, mais pris en un sens relativisé, historicisé, ou, plus exactement, sociologisé, comme chez Durkheim, à qui on pourrait attribuer la paternité de l'idée de *conditions socio-transcendantales*. La philosophie, étroitement entrelacée avec la science, a évolué vers une conception de la rationalité relativisée et conventionnaliste, proche de la sociologie de la science, mais qui ne prend pas en compte les facteurs sociaux responsables de l'acceptation consensuelle du cadre linguistique de Carnap ou du paradigme de Kuhn.

C'est ici que peut se poser la question de la lecture sociologique de Wittgenstein qui occupe, on l'a vu, une place très importante à l'intersection de la philosophie et de la sociologie de la science depuis que David Bloor s'est appuyé sur lui pour fonder une théorie de la science selon laquelle la rationalité, l'objectivité et la vérité sont des normes socioculturelles locales, des conventions adoptées et imposées par des groupes particuliers : les concepts de « *language game* » et « *form of life* » qui jouent un rôle central dans les *Philosophical Investigations*, sont interprétées comme se référant à des activités sociolinguistiques associées à des groupes socio-culturels particuliers où les pratiques sont réglées par des normes conventionnellement adoptées par les groupes concernés (Bloor, 1983).

Contre la lecture de Bloor, on invoque le fait que Witt-genstein s'attache à ne traiter que d'exemples imaginaires et qu'il conçoit la philosophie qu'il propose comme fonda-mentalement non-empirique : son entreprise ne ressortit pas, – il ne cesse de le rappeler –, à la « science naturelle », ni même à « l'histoire naturelle » puisqu'il est en mesure de « produire une histoire naturelle fictive » pour les besoins de sa recherche (Wittgenstein, 1953). Il ne ferait que décrire les multiples usages du langage dans notre seule commu-nauté linguistique (et non des communautés socio-cogniti-ves en concurrence).

Avec les *Recherches philosophiques,* sorte de logique trans-cendantale de type kantien visant à décrire les présupposi-tions ou conditions de possibilité absolument nécessaires de toute pensée sur le réel (Friedman, 1996), Wittgenstein abandonne l'absolutisme logique du *Tractatus* en faveur d'une sorte de pluralisme linguistique : il y a non seulement plusieurs cadres logico-mathématiques comme chez Carnap, mais plusieurs langages permettant de construire le monde. Mais les commentateurs de Wittgenstein ont raison d'observer que s'il refuse toutes les justifications et tous les fondements ultimes et s'il tient fermement que c'est nous qui donnons sens et force aux lois logico-mathématiques à travers la manière dont nous les appliquons, il ne va pas jusqu'à fonder la nécessité de ces lois sur l'accord et la convention. Ce sont des « lois de la pensée » qui expriment l'essence de l'esprit humain et qui, à ce titre, doivent faire l'objet d'une investigation non-empirique, ou, comme dit Wittgenstein, « grammaticale ».

Mais plutôt que de choisir entre une lecture « sociologique » (à la manière de Bloor) et une lecture « grammaticale » de Wittgenstein, je voudrais montrer que l'on peut maintenir la normativité des principes « grammaticaux » sans lesquels il n'y a pas de pensée possible tout en reconnaissant le caractère historique et social de toute pensée humaine ; qu'il est possible de poser l'historicité radicale des normes logiques et de sauver la raison, et cela sans tour de passe-passe transcendantal et sans exempter la raison sociologique elle-même de la mise en question que la sociologie fait subir à toute pensée.

[Par parenthèse, je voudrais dire que la référence aux deux lectures possibles de Wittgenstein a le mérite de poser en toute clarté la question des rapports entre la contrainte logique et la contrainte sociale, à travers la question des univers de pratiques, des « formes de vie », où les contraintes logiques se présentent sous la forme de contraintes sociales, comme le monde des mathématiques ou, plus largement, de la science. Et, remarquant que tous les exemples de « jeux de langage » que propose Wittgenstein sont pris dans nos sociétés, je pourrais, poussant jusqu'au bout la rupture wittgensteinienne avec le logicisme, essayer d'esquisser une solution d'inspiration wittgensteinienne à la question de l'historicité de la raison et de la relation entre les contraintes logiques et les contraintes sociales. Il suffirait pour cela de reconnaître dans ce que j'appelle des champs, des réalisations empiriques de ces « formes de vie » dans lesquelles se jouent des « jeux de langage » différents ; et d'observer que, parmi ces champs, il en est qui, comme le champ scientifique, favorisent ou imposent des échanges dans lesquels les contraintes logiques prennent la forme de contraintes sociales ; cela parce qu'elles sont inscrites dans les procédures institutionnalisées réglant l'entrée dans le jeu, dans les contraintes pesant sur les échanges dans lesquels les producteurs n'ont pour clients que les plus compétents et les plus critiques de leurs concurrents, et enfin et surtout dans les dispositions des agents qui sont pour une part le produit des mécanismes du champ et du « dressage » qu'ils exercent.]

On peut sauver la raison sans invoquer, comme un *Deus ex machina*, telle ou telle forme de l'affirmation du caractère transcendantal de la raison. Cela en décrivant l'émergence progressive d'univers dans lesquels pour avoir raison, il faut faire valoir des raisons, des démonstrations reconnues comme conséquentes, et où la logique des rapports de force et des luttes d'intérêt est ainsi réglée que la « force du meilleur argument » (dont parle Habermas) a des chances raisonnables de s'imposer. Les champs scientifiques sont des univers à l'intérieur desquels les rapports de force symboliques et les luttes d'intérêts qu'ils favorisent contribuent à donner sa force au meilleur argument (et à l'intérieur desquels la théorie de Habermas est vraie, à ceci près qu'elle ne pose pas la question des conditions sociales de possibilité de ces univers et qu'elle inscrit cette possibilité dans des propriétés universelles du langage par une forme faussement historicisée de kantisme).

Il existe donc des univers dans lesquels s'instaure un consensus social à propos de la vérité mais qui sont soumis à des contraintes sociales favorisant l'échange rationnel et obéissant à des *mécanismes d'universalisation* tels que les contrôles mutuels ; dans lesquels les lois empiriques de fonctionnement régissant les interactions impliquent la mise en œuvre de contrôles logiques ; dans lesquels les rapports de force symboliques prennent une forme, tout à fait exceptionnelle, telle que, pour une fois, il y a une force intrinsèque de l'idée vraie, qui peut puiser de la force dans la logique de la concurrence ; dans lesquels les antinomies ordinaires entre l'intérêt et la raison, la force et la vérité, etc. tendent à s'affaiblir ou à s'abolir. Et je citerai ici Popper qui, sans doute dans une intention et une logique différentes, soutient, comme Polanyi, que c'est la nature sociale de la science qui est responsable de son objectivité : « assez paradoxalement, l'objectivité est étroitement liée au caractère social de la méthode scientifique, du fait que la science et l'objectivité scientifique ne résultent pas (et ne peuvent pas résulter) des tentatives d'un savant individuel pour être "objectif", mais de la coopération amicalement-hostile de nombreux savants. L'objectivité scientifique peut être décrite comme l'intersubjectivité de la méthode scientifique » (Popper, 1945).

On a ainsi réintroduit dans l'intersubjectivité kantienne les conditions sociales qui la fondent et lui confèrent son efficacité proprement scientifique. L'objectivité est un produit intersubjectif du champ scientifique : fondée dans les présupposés partagés dans ce champ, elle est le résultat de l'accord intersubjectif dans le champ. Chaque champ (discipline) est le lieu d'une légalité spécifique *(nomos)* qui, produit de l'histoire, est incarnée dans les régularités objectives du fonctionnement du champ et, plus précisément, dans les mécanismes régissant la circulation de l'information, dans la logique de la distribution des récompenses, etc., et dans les habitus scientifiques produits par le champ qui sont la condition du fonctionnement du champ. Les règles épistémologiques sont les conventions établies en matière de règlement des controverses : elles régissent la confrontation du savant avec le monde extérieur, c'est-à-dire entre la théorie et l'expérience, mais aussi avec les autres savants, permettant d'anticiper la critique et de la réfuter. Un bon savant est quelqu'un qui a le sens du jeu scientifique, qui peut anticiper la critique et s'adapter par avance aux critères définissant les arguments recevables, faisant ainsi avancer le processus de reconnaissance et de légitimation ; qui cesse d'expérimenter quand il pense que l'expérimentation est conforme aux normes socialement définies de sa science et quand il se sent assez sûr pour affronter ses pairs. La connaissance scientifique est l'ensemble des propositions qui ont survécu aux objections.

Les critères dits épistémiques sont la formalisation de « règles du jeu » qui doivent être observées dans le champ, c'est-à-dire des règles sociologiques des interactions dans le champ, notamment des règles d'argumentation ou des normes de communication. L'argumentation est un processus collectif accompli devant un public et soumis à des règles. Il n'y a personne qui soit moins isolé, livré à lui-même, à son originalité singulière, qu'un savant ; non seulement parce qu'il travaille toujours avec d'autres, au sein de laboratoires, mais parce qu'il est adossé à toute la science passée et présente de tous les autres savants, à qui il emprunte et délègue en permanence, et qu'il est habité par une sorte de sur-moi collectif, inscrit dans des institutions sous forme de rappels à l'ordre et inséré dans un groupe de pairs à la fois très critique, pour qui on écrit, devant qui on redoute de comparaître, et très rassurant, qui donne des garants, des cautions (ce sont les références), et assure des garanties de la qualité des produits.

Le travail de départicularisation, d'universalisation, qui s'accomplit dans le champ, à travers la confrontation réglée des concurrents les plus inclinés et les plus aptes à réduire à la particularité contingente d'une opinion singulière tout jugement prétendant à la validation et, par là, à la validité universelle est ce qui fait que la vérité reconnue par le champ scientifique est irréductible à ses conditions historiques et sociales de production. Une vérité qui a subi l'épreuve de la discussion dans un champ où des intérêts antagonistes, voire des stratégies de pouvoir opposées, se sont affrontés à son propos, n'est en rien affectée par le fait que ceux qui l'ont découverte avaient intérêt à la découvrir. Il faut admettre même que les pulsions, souvent les plus égoïstes, sont le moteur de cette machine qui les transforme et les transmue à la faveur d'une confrontation arbitrée par la référence au réel construit. Si la vérité se présente comme transcendante par rapport aux consciences qui l'appré-hendent et l'acceptent comme telle, par rapport aux sujets historiques qui la connaissent et la reconnaissent, c'est parce qu'elle est le produit d'une validation collective accomplie dans les conditions tout à fait singulières qui caractérisent le champ scientifique, c'est-à-dire dans et par la coopération conflictuelle mais réglée que la concurrence y impose, et qui est capable d'imposer le dépassement des intérêts antago-nistes et, le cas échéant, l'effacement de toutes les marques liées aux conditions particulières de son émergence. C'est ce que l'on entend, il me semble, lorsque l'on observe que les physiciens du domaine quantique n'ont aucun doute sur l'objectivité de la connaissance qu'ils en donnent du fait que leurs expériences sont reproductibles par des chercheurs armés de la compétence nécessaire pour les invalider.

3

POURQUOI LES SCIENCES SOCIALES DOIVENT SE PRENDRE POUR OBJET

En posant le problème de la connaissance comme je l'ai posé, je n'ai pas cessé d'avoir à l'esprit les sciences sociales, dont il m'est arrivé autrefois de nier la particularité. Cela non pas par une sorte de scientisme positiviste, comme on pourrait le croire ou faire semblant de le croire, mais parce que l'exaltation de la singularité des sciences sociales n'est souvent qu'une manière de décréter l'impossibilité de comprendre scientifiquement leur objet. Je pense par exemple à un livre d'Adolf Grünbaum (1993) qui rappelle les tentatives d'un certain nombre de philosophes, Habermas, Ricoeur, etc., pour assigner des limites a priori à ces sciences (Ce que je trouve absolument injustifiable : pourquoi poser que certaines choses sont inconnaissables, et cela, a priori, avant même toute expérience ? Ceux qui sont hostiles à la science ont reporté et concentré leur fureur sur les sciences sociales et, plus précisément, sur la sociologie – contribuant sans doute ainsi à en freiner le progrès – peut-être parce que la science de la nature ne leur offre plus de prise. Ils décrètent inconnaissables un certain nombre de choses, comme le religieux et tous ses substituts, l'art, la science, dont il faudrait renoncer à rendre raison). C'est contre cette résistance multiforme aux sciences sociales que *Le Métier de sociologue* (Bourdieu, Chamboredon et Passeron, 1968) affirmait que les sciences sociales sont des sciences comme les autres, mais qui ont une difficulté particulière à être des sciences comme les autres.

Cette difficulté m'apparaît sans doute mieux encore aujourd'hui et il me semble que, pour accomplir le projet scientifique en sciences sociales, il faut faire un pas de plus, dont les sciences de la nature peuvent se dispenser. Pour porter au jour le caché par excellence, ce qui échappe au regard de la science parce qu'il se cache dans le regard même du savant, l'inconscient transcendantal, il faut historiciser le sujet de l'historicisation, objectiver le sujet de l'objectiva-tion, c'est-à-dire le *transcendantal historique* dont l'objecti-vation est la condition de l'accès de la science à la conscience de soi, c'est-à-dire à la connaissance de ses présupposés his-toriques. Il faut demander à l'instrument d'objectivation que constituent les sciences sociales le moyen d'arracher ces sciences à la relativisation à laquelle elles sont exposées aussi longtemps que leurs productions restent déterminées par les déterminations inconscientes qui sont inscrites dans le

cerveau du savant ou dans les conditions sociales à l'intérieur desquelles il produit. Et pour cela, il leur faut affronter
le cercle relativiste ou sceptique et le briser en mettant en
œuvre, pour faire la science des sciences sociales et des
savants qui les produisent, tous les instruments que fournissent ces sciences mêmes et produire ainsi des instruments
permettant de maîtriser les déterminations sociales auxquelles elles sont exposées.

Pour comprendre un des principes majeurs de la particularité des sciences sociales, il suffit d'examiner un critère
que j'ai déjà évoqué en posant la question des relations entre
scientificité et autonomie. On pourrait distribuer les différentes sciences selon le degré d'autonomie du champ
de production scientifique à l'égard des différentes formes
de pression externe, économique, politique, etc. Dans les
champs à faible autonomie, donc profondément immergés
dans des relations sociales, comme l'astronomie ou la physique dans leur phase initiale, les grandes révolutions fonda-
trices sont aussi des révolutions religieuses ou politiques qui
peuvent être combattues politiquement, avec des chances
de succès (au moins à court terme), et qui, comme celles de
Copernic ou de Galilée, bouleversent la vision du monde
dans toutes ses dimensions. Au contraire, plus une science
est autonome, plus, comme l'observe Bachelard, elle tend à
être le lieu d'une véritable révolution permanente, mais de
plus en plus dénuée d'implications politiques ou religieuses.
Dans un champ très autonome, c'est le champ qui définit

non seulement l'ordre ordinaire de la « science normale », mais les ruptures extra-ordinaires, ces « révolutions ordonnées » dont parle Bachelard.

On peut se demander pourquoi les sciences sociales ont tant de peine à faire reconnaître leur autonomie, pourquoi une découverte a tant de mal à s'imposer à l'extérieur du champ et même à l'intérieur. Les sciences sociales, et tout particulièrement la sociologie, ont un objet trop important (il intéresse tout le monde, à commencer par les puissants), trop brûlant, pour qu'on puisse le laisser à leur discrétion, l'abandonner à leur seule loi, trop important et trop brûlant du point de vue de la vie sociale, de l'ordre social et de l'ordre symbolique, pour que leur soit octroyé le même degré d'autonomie qu'aux autres sciences et que leur soit accordé le monopole de la production de la vérité. Et, de fait, tout le monde se sent en droit de se mêler de sociologie et d'entrer dans la lutte à propos de la vision légitime du monde social, dans laquelle le sociologue intervient aussi, mais avec une ambition tout à fait spéciale, que l'on accorde sans problèmes à tous les autres savants, et qui, en son cas, tend à paraître monstrueuse : dire la vérité ou, pire, définir les conditions dans lesquelles on peut dire la vérité.

La science sociale est donc particulièrement exposée à l'hétéronomie du fait que la pression externe y est particulièrement forte et que les conditions internes de l'autonomie sont très difficiles à instaurer (notamment par l'imposition d'un droit d'entrée). Une autre raison de la faible autonomie des champs des sciences sociales est que, à l'intérieur même de ces champs, s'affrontent des agents inégalement autonomes et que, dans les champs les moins autonomes, les chercheurs les plus hétéronomes et leurs vérités « endoxiques », comme dit Aristote, ont, par définition, plus de chances de s'imposer socialement contre les chercheurs autonomes : les dominés scientifiquement sont en effet les plus enclins à se soumettre aux demandes externes, de droite ou de gauche (c'est ce que j'appelle la loi du jdanovisme), et mieux préparés, souvent par défaut, à les satisfaire, et ils ont donc plus de chances de l'emporter dans la logique du plébiscite – ou de l'applaudimètre ou de l'audimat. Une très grande liberté est laissée, à l'intérieur même du champ, à ceux qui contredisent le *nomos* même du champ et qui sont à l'abri des sanctions symboliques qui, en d'autres champs, frappent ceux qui manquent aux principes fondamentaux du champ. Des propositions inconsistantes ou incompatibles avec les faits ont plus de chances de s'y perpétuer et même d'y prospérer que dans les champs scientifiques les plus autonomes, pourvu qu'elles soient dotées, à l'intérieur du champ et aussi à l'extérieur, d'un poids social propre à en compenser l'insuffisance ou l'insignifiance, notamment en leur assurant des soutiens matériels et institutionnels (crédits, subventions, postes, etc.). Du même coup, tout ce qui définit un champ très autonome, et qui est lié à la fermeture du sous-champ de production restreinte sur lui-même, comme les mécanismes de censure mutuelle, a peine à se mettre en place.

Faible droit d'entrée, donc censure très réduite, enjeux sociaux très importants, la science sociale a une troisième particularité qui rend particulièrement difficile la rupture sociale qui est la condition de la construction scientifique. On a vu que la lutte scientifique est arbitrée par la référence au « réel » construit. Dans le cas des sciences sociales, le « réel » est bien extérieur et indépendant de la connaissance, mais il est lui-même une construction sociale, un produit des luttes antérieures qui, au moins à ce titre, reste un enjeu de luttes présentes. (On le voit bien, même dans le cas de l'histoire, dès que l'on s'attaque à des événements qui sont encore des enjeux pour les contemporains). Il faut donc associer une vision constructiviste de la science et une vision constructiviste de l'objet scientifique : les faits sociaux sont socialement construits et tout agent social, comme le savant, construit tant bien que mal, et vise à imposer, avec plus ou moins de force, sa vision singulière de la réalité, son « point de vue ». C'est ce qui fait que la sociologie, qu'elle le veuille ou non (et, le plus souvent elle le veut), est partie prenante des luttes qu'elle décrit.

La science sociale est donc une construction sociale d'une construction sociale. Il y a dans l'objet même, c'est-à-dire dans la réalité sociale dans son ensemble et dans le microcosme social à l'intérieur duquel se construit la représentation scientifique de cette réalité, le champ scientifique, une lutte à propos de (pour) la construction de l'objet, dont la science sociale participe doublement : prise dans le jeu, elle en subit les contraintes et elle y produit des effets, sans doute limités. L'analyste fait partie du monde qu'il cherche à objectiver et la science qu'il produit n'est qu'une des forces qui s'affrontent dans ce monde. La vérité scientifique ne s'impose pas par elle-même, c'est-à-dire par la seule force de la raison argumentative (même pas dans le champ scientifique). La sociologie est socialement faible, et d'autant plus, sans doute, qu'elle est plus scientifique. Les agents sociaux, surtout lorsqu'ils occupent des positions dominantes, ne sont pas seulement ignorants, ils ne veulent pas savoir (par exemple l'analyse scientifique de la télévision est l'occasion d'observer un affrontement frontal entre les détenteurs du pouvoir temporel sur ces univers et la science qui fait voir la vérité). La sociologie ne peut espérer la reconnaissance unanime que s'attirent les sciences de la nature (dont l'objet n'est plus du tout – ou très peu seulement – un enjeu de luttes sociales hors du champ) et elle est vouée à être contestée, *controversial*.

1. OBJECTIVER LE SUJET DE L'OBJECTIVATION

La réflexivité n'est pas seulement la seule manière de sortir de la contradiction qui consiste à revendiquer la critique relativisante et le relativisme quand il s'agit des autres sciences, tout en restant attaché à une épistémologie réaliste. Entendue comme le travail par lequel la science sociale, se prenant elle-même pour objet, se sert de ses propres armes

pour se comprendre et se contrôler, elle est un moyen particulièrement efficace de renforcer les chances d'accéder à la
vérité en renforçant les censures mutuelles et en fournissant
les principes d'une critique technique, qui permet de
contrôler plus attentivement les facteurs propres à biaiser la
recherche. Il ne s'agit pas de poursuivre une nouvelle forme
de savoir absolu, mais d'exercer une forme spécifique de la
vigilance épistémologique, celle-là même que doit prendre
cette vigilance sur un terrain où les obstacles épistémologiques sont primordialement des obstacles sociaux.

La science la plus sensible aux déterminismes sociaux
peut en effet trouver en elle-même les ressources qui,
méthodiquement mises en œuvre comme dispositif (et
disposition) critique, peuvent lui permettre de limiter les
effets des déterminismes historiques et sociaux. Pour être en
mesure d'appliquer à leur propre pratique les techniques
d'objectivation qu'ils appliquent aux autres sciences, les
sociologues doivent convertir la réflexivité en une disposition constitutive de leur habitus scientifique, c'est-à-dire une
réflexivité réflexe, capable d'agir non *ex post*, sur l'*opus operatum*, mais a priori, sur le *modus operandi* (disposition qui
interdira par exemple d'analyser les différences apparentes
dans les données statistiques à propos de différentes nations
sans interroger les différences cachées entre les catégories
d'analyse ou les conditions de la collecte des données liées
aux différentes traditions nationales qui peuvent être
responsables de ces différences ou de leur absence).

Mais ils doivent préalablement échapper à la tentation de sacrifier à la réflexivité que l'on pourrait appeler *narcissique*, non seulement parce qu'elle se limite bien souvent à un retour complaisant du chercheur sur ses propres expériences, mais aussi parce qu'elle est à elle-même sa fin et ne débouche sur aucun effet pratique. Je rangerais volontiers dans cette catégorie, malgré les contributions qu'elle peut apporter à une meilleure connaissance de la pratique scientifique par elle-même, la réflexivité telle que la pratiquent les ethnométhodologues, qui doit sa séduction spéciale aux airs de radicalité qu'elle se donne en se présentant comme une critique radicale des formes établies de la science sociale. Pour tenter de dégager la logique des différents « jeux de codage » *(coding games)*, Garfinkel et Sachs (1986) observent deux étudiants chargés de coder selon des instructions standardisées des dossiers de patients d'un hôpital psychiatrique. Ils recensent les « considérations ad hoc » que les codeurs ont adoptées pour réaliser l'ajustement entre le contenu des dossiers et la feuille de codage, notamment des termes rhétoriques comme « *etc., let it pass, unless* », et ils remarquent qu'ils utilisent leur connaissance de la clinique à l'intérieur de laquelle ils travaillent (et, plus largement, du monde social) pour faire ces ajustements. Tout cela pour conclure que le travail scientifique est plus constitutif que descriptif ou constatif (ce qui est une façon de mettre en question la prétention des sciences sociales à la scientificité).

Des observations et des réflexions telles que celle de Garfinkel et Sachs peuvent avoir au moins pour effet d'arracher les statisticiens ordinaires à leur confiance positiviste dans des taxinomies et des procédures routinisées. Et on voit tout le parti qu'une conception réaliste de la réflexivité peut tirer d'analyses de cette sorte, que j'ai d'ailleurs beaucoup pratiquées, et depuis longtemps. Cela, à condition de s'inspirer d'une intention qu'on pourra appeler *réformiste*, dans la mesure où elle se donne explicitement pour projet de chercher dans la science sociale et dans la connaissance qu'elle peut procurer, notamment à propos de la science sociale elle-même, de ses opérations et de ses présupposés, des instruments indispensables à une critique réflexive capable de lui assurer un degré supérieur de liberté à l'égard des contraintes et des nécessités sociales qui pèsent sur elle comme sur toute activité humaine.

Mais cette réflexivité pratique ne prend toute sa force que si l'analyse des implications et des présupposés des opérations routinières de la pratique scientifique se prolonge dans une véritable critique (au sens de Kant) des conditions sociales de possibilité et des limites des formes de pensée que le savant ignorant de ces conditions engage sans le savoir dans sa recherche et qui réalisent à son insu, c'est-à-dire à sa place, les opérations les plus spécifiquement scientifiques, comme la construction de l'objet de la science. Ainsi par exemple, une interrogation vraiment sociologique sur les opérations de codage devrait s'efforcer d'objectiver les taxinomies que mettent en œuvre les codeurs (étudiants chargés de coder les données ou auteurs responsables de la grille de codage) et qui peuvent appartenir à l'inconscient anthropologique commun, comme celles que j'ai découvertes dans un questionnaire de l'IFOP en forme de « jeu chinois » (analysé en annexe de *La Distinction* – 1979), ou à un inconscient scolaire, comme les « catégories de l'entendement professoral » que j'ai dégagées des jugements formulés par un professeur pour justifier ses notes et ses classements ; et qui, dans les deux cas, peuvent donc être rapportées à leurs conditions sociales de production.

C'est ainsi que la réflexion sur les opérations concrètes de codage, celles que j'opérais moi-même dans mes enquêtes, ou celles qu'avaient opérées les producteurs des statistiques que j'étais amené à utiliser (notamment les enquêtes de l'INSEE), m'a conduit à rapporter les catégories ou les systèmes de classement utilisés aux utilisateurs et aux concepteurs de ces classements et aux conditions sociales de leur production (notamment leur formation scolaire), l'objectivation de cette relation donnant un moyen efficace d'en comprendre et d'en contrôler les effets. Par exemple, il n'est pas de plus parfaite manifestation de ce que j'appelle la pensée d'État que les catégories de la statistique d'État qui ne révèlent leur arbitraire (d'ordinaire masqué par la routine d'une institution autorisée) que lorsqu'elles sont mises en déroute par une réalité « inclassable » : comme ces populations nouvellement apparues, à la frontière incertaine entre l'adolescence et l'âge adulte, en liaison notamment avec l'allongement des études et la transformation des coutumes matrimoniales, et dont on ne sait plus si elles sont faites d'adolescents ou d'adultes, d'étudiants ou de salariés, de mariés ou de célibataires, de travailleurs ou de chômeurs. Mais la pensée d'État est si puissante, surtout dans la tête des savants d'État issus des grandes écoles d'État, que la déroute des routines classificatoires et des compromis qui permettent d'ordinaire de les sauver, comme tous les équivalents des « *let it pass* » du codeur américain, regroupements, recours à des catégories fourre-tout, construction d'indices, etc., n'aurait pas suffi à déclencher une mise en question des taxinomies bureaucratiques, garanties par l'État, si nos statisticiens d'État n'avaient pas eu l'occasion de rencontrer une tradition réflexive qui n'avait pu naître et se développer qu'au pôle de la science « pure », bureaucratiquement irresponsable, des sciences sociales.

À quoi il faut ajouter, pour achever de marquer la différence avec la réflexivité narcissique, que la réflexivité réformiste n'est pas l'affaire d'un seul et qu'elle ne peut s'exercer pleinement que si elle incombe à l'ensemble des agents engagés dans le champ. La vigilance épistémologique sociologiquement armée que chaque chercheur peut exercer pour son propre compte ne peut être que renforcée par la généralisation de l'impératif de réflexivité et la divulgation des instruments indispensables pour lui obéir, seule capable d'instituer la réflexivité en loi commune du champ, qui se trouverait ainsi voué à une critique sociologique de tous par tous capable d'intensifier et de redoubler les effets de la critique épistémologique de tous par tous.

Cette conception réformiste de la réflexivité peut, en chaque chercheur et, a fortiori à l'échelle d'un collectif comme une équipe ou un laboratoire, être au principe d'une sorte de *prudence épistémologique* qui permet d'anticiper les chances probables d'erreur ou, plus largement, les tendances et les tentations inhérentes à un système de dispositions, à une position ou à la relation entre les deux. Par exemple, quand on a lu le travail de Charles Soulié (1995) sur le choix des sujets de travaux (mémoires, thèses, etc.) en philosophie, on a moins de chances d'être manipulé par les déterminismes liés au sexe, à l'origine sociale et à la filière scolaire qui orientent communément les choix ; ou de même, quand on connaît les tendances du « miraculé » à l'hyperidentification émerveillée au système scolaire, on est mieux préparé à résister à l'effet de la pensée d'École. Autre exemple : si, à la manière de Weber parlant de « tendances du corps sacerdotal », on parle de tendances du corps professoral, on peut augmenter ses chances d'échapper à la plus typique d'entre elles, l'inclination au biais scolastique, destin probable de tant de lectures de *lector*, et de regarder tout à fait autrement une généalogie, construction scolastique typique qui, sous apparence de livrer la vérité de la parenté, empêche de resaisir l'expérience pratique du réseau de parenté et des stratégies destinées par exemple à l'entretenir. Mais on peut aller au-delà de la connaissance des tendances les plus communes et s'attacher à connaître les tendances propres au corps des professeurs de philosophie, ou, plus précisément, des professeurs de philosophie français, ou, plus précis encore, des professeurs français formés dans les années 1950, et se donner ainsi quelques chances d'anticiper des destins probables et de les éviter. De même, la découverte du lien entre les couples épistémologiques décrits par Bachelard et la structure dualiste des champs incline à se défier des dualismes et à les soumettre à une critique sociologique et pas seulement épistémologique. Bref, la socioanalyse de l'esprit scientifique telle que je l'évoque, me paraît être un principe de liberté, donc d'intelligence.

Une entreprise d'objectivation n'est scientifiquement contrôlée qu'en proportion de l'objectivation que l'on a fait préalablement subir au sujet de l'objectivation. Par exemple, lorsque j'entreprends d'objectiver un objet comme l'université française dans lequel je suis pris, j'ai pour objectif, et je dois le savoir, d'objectiver tout un pan de mon inconscient spécifique qui risque de faire obstacle à la connaissance de l'objet, tout progrès dans la connaissance de l'objet étant inséparablement un progrès dans la connaissance du rapport à l'objet, donc dans la maîtrise du rapport non analysé à l'objet (la « polémique de la raison scientifique » dont parle Bachelard suppose presque toujours une mise en suspens de la polémique au sens ordinaire). Autrement dit, j'ai d'autant plus de chances d'être objectif que j'ai plus complètement objectivé ma propre position (sociale, universitaire, etc.) et les intérêts, notamment les intérêts proprement universitaires, liés à cette position.

[Pour donner un exemple de la relation « dialectique » entre l'auto-analyse et l'analyse qui est au cœur du *travail d'objectivation*, je pourrais raconter ici toute l'histoire de l'enquête qui a conduit à *Homo academicus* (1984) – malheureusement, je n'ai pas eu le « réflexe réflexif » de tenir un journal d'enquête et je devrais travailler de mémoire. Mais, pour prolonger l'exemple du codage, j'ai découvert par exemple qu'il n'existait pas de critères de la qualité scientifique (à l'exception des distinctions comme les médailles d'or, d'argent ou de bronze, trop rares pour pouvoir servir comme critère de codage efficace et pertinent). J'ai donc été conduit à construire des indices de reconnaissance scientifique et, du même coup, obligé de réfléchir non seulement sur le traitement différent que je devais accorder aux catégories « artificielles » et aux catégories déjà constituées dans la réalité (comme le sexe), mais aussi sur l'absence même de principes de hiérarchisation spécifique dans un corps littéralement obsédé par les classements et les hiérarchies (par exemple entre les agrégés, les bi-admissibles, les admissibles, les certifiés, etc.). Ce qui m'a amené à inventer l'idée de système de défense collectif, dont l'absence de critères de la « valeur scientifique » est un élément, et qui permet aux individus, avec la complicité du groupe, de se protéger contre les effets probables d'un système de mesure rigoureux de la « valeur scientifique » ; cela sans doute parce qu'un tel système serait tellement douloureux pour la plupart de ceux qui sont engagés dans la vie scientifique que tout le monde travaille à faire comme si cette hiérarchie n'était pas évaluable et que, dès qu'un instrument de mesure apparaît, comme le *citation index*, on peut le rejeter au nom de divers arguments, comme le fait qu'il favorise les grands laboratoires, ou les anglo-saxons, etc. À la différence de ce qui se passe quand on classe des coléoptères, on classe en ce cas des classeurs qui n'acceptent pas d'être classés, qui peuvent même contester les critères de classement ou le principe même du classement, au nom de principes de classement dépendant eux-mêmes de leur position dans les classements. On voit que, de proche en proche, cette réflexion sur ce qui n'est, au départ, qu'un problème technique, conduit à s'interroger sur le statut et la fonction de la sociologie et du sociologue, et sur les conditions générales et particulières dans lesquelles peut s'exercer le métier de sociologue.]

Faire de l'objectivation du sujet de l'objectivation la condition préalable de l'objectivation scientifique, c'est donc non seulement essayer d'appliquer à la pratique scientifique les méthodes scientifiques d'objectivation (comme dans l'exemple de Garfinkel), mais c'est aussi mettre au jour scientifiquement les conditions sociales de possibilité de la construction, c'est-à-dire les conditions sociales de la construction sociologique et du sujet de cette construction. [Ce n'est pas par hasard que les ethnométhodologues oublient ce deuxième moment, puisque, s'ils rappellent que le monde social est construit, ils oublient que les constructeurs sont eux-mêmes socialement construits et que leur construction dépend de leur position dans l'espace social objectif que la science doit construire.]

Pour récapituler, ce qu'il s'agit d'objectiver, ce n'est pas l'expérience vécue du sujet connaissant, mais les conditions sociales de possibilité, donc les effets et les limites, de cette expérience et, entre autres, de l'acte d'objectivation. Ce qu'il s'agit de maîtriser, c'est le rapport subjectif à l'objet qui, lorsqu'il n'est pas contrôlé, et qu'il oriente les choix d'objet, de méthode, etc., est un des facteurs d'erreur les plus puissants, et les conditions sociales de production de ce rapport, le monde social qui a fait la spécialité et le spécialiste (ethnologue, sociologue ou historien) et l'anthropologie inconsciente qu'il engage dans sa pratique scientifique.

Ce travail d'objectivation du sujet de l'objectivation doit être mené à trois niveaux : il faut d'abord objectiver la position dans l'espace social global du sujet de l'objectivation, sa position d'origine et sa trajectoire, son appartenance et ses adhésions sociales et religieuses (c'est le facteur de distorsion le plus visible, le plus communément perçu et, de ce fait, le moins dangereux); il faut objectiver ensuite la position occupée dans le champ des spécialistes (et la position de ce champ, de cette discipline, dans le champ des sciences sociales), chaque discipline ayant ses traditions et ses particularismes nationaux, ses problématiques obligées, ses habitudes de pensée, ses croyances et ses évidences partagées, ses rituels et ses consécrations, ses contraintes en matière de publication des résultats, ses censures spécifiques, sans parler de tout l'ensemble des présupposés inscrits dans l'histoire collective de la spécialité (l'inconscient académique); troisièmement, il faut objectiver tout ce qui est lié à l'appartenance à l'univers scolastique, en portant une attention particulière à l'illusion de l'absence d'illusion, du point de vue pur, absolu, « désintéressé ». La sociologie des intellectuels fait découvrir cette

forme particulière d'intérêt qu'est l'intérêt au désintéressement (contre l'illusion de Tawney, Durkheim et Peirce)
(Haskell, 1984).

2. ESQUISSE POUR UNE AUTO-ANALYSE

J'ai rappelé que l'analyse réflexive doit s'attacher successive-
ment à la position dans l'espace social, à la position dans le
champ et à la position dans l'univers scolastique. Comment,
sans s'abandonner à la complaisance narcissique, s'appliquer
à soi-même ce programme et faire sa propre sociologie, son
auto-socioanalyse, étant entendu qu'une telle analyse ne
peut être qu'un point de départ et que la sociologie de
l'objet que je suis, l'objectivation de son point de vue, est
une tâche nécessairement collective ?

Paradoxalement, l'objectivation du point de vue est la
plus sûre mise en œuvre du « principe de charité » (ou de
générosité) et je risque, en l'appliquant, de paraître sacrifier
à la complaisance : comprendre, c'est « nécessiter », rendre
raison, justifier d'exister. Flaubert reprochait à la science
sociale de son temps d'être incapable de « prendre le point
de vue de l'auteur » et il avait raison si l'on entend par là le
fait de se situer au point où se situait l'auteur, au point qu'il
occupait dans le monde social et à partir duquel il voyait le
monde ; se situer en ce point, c'est prendre sur le monde le
point de vue qui est le sien, le comprendre comme il le com-
prenait, donc, en un sens, le justifier.

Un point de vue est d'abord une vue prise à partir d'un point particulier *(Gesichtspunkt)*, d'une position particulière dans l'espace et, au sens où je l'entendrai ici, dans l'espace social : objectiver le sujet de l'objectivation, le point de vue (objectivant), c'est rompre avec l'illusion du point de vue absolu, qui est le fait de tout point de vue (initialement condamné à s'ignorer comme tel); c'est donc aussi une vision perspective *(Schau)*: toutes les perceptions, visions, croyances, attentes, espérances, etc. sont socialement structurées et socialement conditionnées et elles obéissent à une loi qui définit le principe de leur variation, la loi de la correspondance entre les positions et les prises de position. La perception de l'individu A est à la perception de l'individu B ce que la position de A est à la position de B, l'habitus assurant la mise en relation de l'espace des positions et de l'espace des points de vue.

Mais un point de vue est aussi un point dans un espace *(Standpunkt)*, un point de l'espace où l'on se tient pour prendre une vue, un point de vue au premier sens, sur cet espace : penser le point de vue comme tel, c'est le penser différentiellement, relationnellement, en fonction des positions alternatives possibles auxquelles il s'oppose sous différents rapports (revenus, titres scolaires, etc.). Et du même coup, constituer comme tel l'espace des points de vue : ce qui définit très précisément une des tâches de la science, comme objectivation de l'espace des points de vue à partir d'un point de vue nouveau, que seul le travail scientifique, armé d'instruments théoriques et techniques (comme l'analyse géométrique des données), permet de prendre ; – ce point de vue sur tous les points de vue étant, selon Leibniz, le point de vue de Dieu, seul capable de produire le « géométral de toutes les perspectives », lieu géométrique de tous les points de vue, aux deux sens du terme, c'est-à-dire de toutes les positions et de toutes les prises de position, dont la science ne peut que s'approcher indéfiniment et qui reste, selon une autre métaphore géométrique, empruntée à Kant cette fois, un *focus imaginarius*, une limite (provisoirement) inaccessible.

Qu'on se rassure, cette sorte d'auto-socioanalyse n'aura rien d'une confession et si confession il y a, ce ne seront que des confessions très impersonnelles. En fait, comme je l'ai déjà suggéré, c'est toute la recherche en sciences sociales qui, lorsqu'on sait l'utiliser à cette fin, est une forme de socioanalyse ; et c'est tout particulièrement vrai, évidemment, de l'histoire et de la sociologie de l'éducation et des intellectuels (Je ne me lasse pas de rappeler le mot de Durkheim : « l'inconscient, c'est l'histoire »). Or, ce point de vue qui est le mien, je ne puis le constituer comme tel, et le connaître au moins partiellement dans sa vérité objective (notamment dans ses limites) qu'en construisant et en connaissant le champ à l'intérieur duquel il se définit comme occupant une certaine position, un certain point.

[Pour vous donner une idée moins abstraite, et peut-être aussi plus drôle, du renversement qui consiste à prendre un point de vue sur son propre point de vue, à objectiver celui qui, comme le chercheur, fait profession d'objectiver, j'évoquerai une nouvelle, *A Man in the Zoo*, où David Garnett raconte l'histoire d'un jeune homme qui se brouille avec sa petite amie au cours d'une visite au zoo et qui, désespéré, écrit au directeur du zoo pour lui proposer un mammifère qui manque à sa collection, l'homme. On le met dans une cage, à côté du chimpanzé, avec une étiquette disant : « Homo sapiens. Ce spécimen a été offert par John Cromantie. On est prié de ne pas irriter l'homme par des remarques personnelles ».]

Je vais donc entreprendre, après tous ces préambules, de faire à mon propos à peu près ce que j'ai fait en commençant pour les différents courants de sociologie de la science que j'ai évoqués. Et de définir ma position différentielle.

Je vais commencer par évoquer la position que j'occupais dans le champ des sciences sociales à différents moments de ma trajectoire et peut-être, pour le parallélisme avec les autres courants de la sociologie de la science, dans le sous-champ de la sociologie de la science, au moment où j'ai écrit mon premier texte sur le champ scientifique, au début des années 1970, c'est-à-dire à un moment où la « nouvelle sociologie de la science » n'avait pas encore fait son apparition, même si les conditions sociales qui ont sans doute beaucoup contribué à son succès social sur les campus étaient alors en train de se constituer.

Mais il faut sans doute d'abord commencer par examiner la position occupée dans le champ à l'origine, autour des années 1950, celle de « normalien philosophe », position d'excellence au sommet du système scolaire à un moment où la philosophie pouvait paraître triomphante. En fait, j'ai dit là l'essentiel de ce qui est nécessaire pour les besoins de l'explication et de la compréhension de la trajectoire ultérieure dans le champ universitaire, sauf peut-être le fait qu'en ces temps et en ces lieux, la sociologie, et à un moindre degré l'ethnologie, étaient des disciplines mineures et même méprisées (mais je renvoie pour plus de détail au passage des *Méditations pascaliennes* intitulé « Confessions impersonnelles » – 1999 : 44-53).

Autre moment décisif, l'entrée dans le champ scientifique, autour des années 1960. Comprendre, en ce cas, c'est comprendre le champ contre lequel et avec lequel on s'est fait ; et comprendre aussi la distance au champ, et à ses déterminismes, que peut donner un certain usage de la réflexivité : il faudrait relire ici un article intitulé « Sociologie et philosophie en France, Mort et résurrection d'une philosophie sans sujet » que j'avais écrit avec Jean-Claude Passeron à l'intention de la revue américaine *Social Research* (Bourdieu et Passeron, 1967). Ce texte, bien que normaliennement boursouflé et plein de chevilles rhétoriques, disait deux choses essentielles et, je crois, profondément vraies, sur le champ des sciences sociales : premièrement, le fait que le mouvement de balancier qui avait conduit les normaliens des années 1930, et en particulier Sartre et Aron, à réagir contre le durkheimisme, perçu comme un peu « totalitaire », était reparti en sens inverse, au début des années 60, sous l'impulsion notamment de Lévi-Strauss et de l'anthropologie structurale, reconduisant à ce que l'on appelait alors, du côté d'*Esprit* et de Paul Ricoeur, une « philosophie sans sujet » (il est reparti depuis, à partir des années 1980, dans l'autre sens…); deuxièmement, le fait que la sociologie était une discipline refuge, soumise au modèle dominant du scientisme importé d'Amérique par Lazarsfeld. [La sociologie de la sociologie aurait pour effet et pour vertu de libérer les sciences sociales des mouvements pendulaires tels que celui-ci qui, souvent décrits comme des phénomènes de mode, sont en réalité pour l'essentiel l'effet des mouvements réactionnels des nouveaux entrants réagissant aux prises de position des dominants, qui sont aussi les plus anciens, leurs aînés.]

Construire *l'espace des possibles* qui se présentait à moi au moment de l'entrée dans le champ, c'est reconstituer l'espace des positions constitutives du champ telles qu'elles pouvaient être appréhendées à partir d'un certain point de vue socialement constitué, le mien, sur ce champ (point de vue qui s'était institué à travers toute la trajectoire sociale conduisant à la position occupée, et aussi à travers cette position – celle d'assistant de Raymond Aron à la Sorbonne et de secrétaire général du centre de recherche qu'il venait de créer à l'École des hautes études). Pour reconstituer l'espace des possibles, il faut commencer par reconstruire l'espace des sciences sociales, notamment la position relative des différentes disciplines ou spécialités. L'espace de la sociologie est déjà constitué et le *Traité de sociologie* de Georges

Gurvitch, qui ratifie la distribution de la sociologie entre les « spécialités » et les « spécialistes », en donne une bonne image : c'est un monde clos où toutes les places sont assignées. La génération des anciens tient les positions dominantes qui, à ce moment, sont toutes des positions de professeur (et non de chercheur) et de professeur à la Sorbonne (qui, pour donner la mesure des changements morphologiques survenus depuis, avec la multiplication des postes, surtout de rang inférieur, comptait en tout et pour tout *trois* professeurs de sociologie et psychologie sociale, ayant chacun un assistant et un seul): Georges Gurvitch, qui tient la Sorbonne de manière notoirement despotique, Jean Stoetzel, qui enseigne la psychologie sociale à la Sorbonne et dirige le Centre d'études sociologiques, mais aussi l'IFOP, et qui contrôle le CNRS, et enfin Raymond Aron, récemment nommé à la Sorbonne, qui, pour la perception relationnelle (imposée par le fonctionnement en champ), apparaît comme offrant une ouverture à ceux qui veulent échapper à l'alternative de la sociologie théoriciste de Gurvitch et de la psychosociologie scientiste et américanisée de Stoetzel, auteur d'une grosse compilation médiocre de travaux américains sur l'opinion. La génération des jeunes en ascension, tous autour de la quarantaine, se partage la recherche et les nouveaux pouvoirs, liés à la création de laboratoires et de revues, selon une division en spécialités, souvent définies par des concepts du sens commun, et clairement réparties comme autant de fiefs : la sociologie du travail, c'est Alain

Touraine, et secondairement Jean-Daniel Reynaud et Jean-René Tréanton, la sociologie de l'éducation, c'est Viviane Isambert, la sociologie de la religion, François-André Isambert, la sociologie rurale, Henri Mendras, la sociologie urbaine, Paul-Henri Chombard de Lauwe, la sociologie du loisir, Joffre Dumazedier, avec sans doute quelques autres provinces mineures ou marginales que j'oublie. L'espace est balisé par trois ou quatre grandes revues de fondation toute récente, la *Revue française de sociologie*, contrôlée par Stoetzel et quelques chercheurs de la deuxième génération (Raymond Boudon en héritera quelques années après), *Les Cahiers internationaux de sociologie*, contrôlée par Gurvitch (puis héritée par Georges Balandier), les *Archives européennes de sociologie*, fondée par Aron, et animée par Éric de Dampierre, et quelques revues secondaires, peu structurantes – un peu comme Georges Friedman du côté des anciens –, *Sociologie du travail* et *Études rurales*.

Il faudrait citer aussi *L'Homme*, revue fondée et contrôlée par Lévi-Strauss qui, bien qu'elle soit consacrée presque exclusivement à l'ethnologie, exerce une grande attraction sur une partie des nouveaux entrants (dont je suis). Par où se rappelle la position éminente de l'ethnologie, et la position dominée de la sociologie dans l'espace des disciplines. Il faudrait même dire doublement dominée : dans le champ des sciences dures, où elle a du mal à se faire accepter (si elle y songe…; on est loin du temps de Durkheim), alors que l'ethnologie, à travers Lévi-Strauss, se bat pour imposer sa reconnaissance comme science à part entière (en usant notamment de la référence à la linguistique, alors à son zénith), et aussi dans le champ des disciplines littéraires, où les « sciences humaines » restent, pour beaucoup de philosophes, encore pleins d'assurance statutaire, et de littéraires soucieux de distinction (il y en a encore beaucoup aujourd'hui, et ici même), des tard venues et des parvenues.

On ne s'étonnera pas de trouver dans cette discipline refuge, très ou trop accueillante ou, comme le dit joliment Yvette Delsaut, « peu intimidante », une petite couche de membres de la catégorie A, qui sont avant tout des professeurs enseignant l'histoire de la discipline et pratiquant peu la recherche, et une masse (en fait pas très nombreuse) de membres de la catégorie B, très rarement agrégés (notamment de philosophie) et provenant d'origines scolaires très diverses (la licence de sociologie n'existait pas au moment de l'entrée de la deuxième génération). Ces chercheurs qui n'ont pas reçu la formation unique et homogénéisante propre à leur donner le sentiment de l'unité et qui se consacrent surtout à des recherches empiriques pour la plupart aussi peu armées théoriquement qu'empiriquement se distinguent (des historiens par exemple) par tous les indices d'une *énorme dispersion* (notamment en matière de niveau scolaire) qui est peu favorable à l'instauration d'un univers de discussion rationnelle. On pourrait parler de *discipline paria* : la « dévaluation » qui, dans un milieu intellectuel pourtant très occupé et préoccupé de politique – mais beaucoup d'engagements, au Parti communiste notamment, sont encore une façon, sans doute assez paradoxale, de tenir à distance le monde social — affecte tout ce qui touche aux choses sociales, vient en effet redoubler une position dominée dans le champ universitaire. Sur ce point, bien que la situation ait un peu changé, l'essentiel de cette description reste vrai — comme en témoigne le fait, attesté par mille indices, que le passage de la philosophie à la sociologie, s'accompagne, aujourd'hui comme au temps de Durkheim, d'une sorte de « dégradation » ou encore le fait que, parmi les « idées reçues » les plus indéracinablement chevillées au cerveau des philosophes ou des littéraires, il y a la conviction que, quel que soit le problème, il faut « aller au-delà de la sociologie » ou « dépasser l'explication purement sociologique » (au nom du refus du « sociologisme »).

Mais la sociologie peut être aussi un moyen de continuer la politique par d'autres moyens (c'est sans doute par là qu'elle s'oppose à la psychologie, fortement féminisée dans son recrutement) et, dans la classification des sciences d'Auguste Comte, elle apparaît comme la discipline du couronnement, capable de rivaliser avec la philosophie s'agissant de penser les choses du monde dans leur globalité. (Raymond Aron, qui a transporté dans la sociologie les ambitions totales de la philosophie à la mode sartrienne, écrit un ouvrage intitulé *Paix et Guerre entre les nations* – 1984). En outre, la référence à l'Amérique, par laquelle elle s'oppose aux disciplines canoniques, histoire, littérature ou philosophie, lui donne une allure de modernité. Bref, c'est une discipline fortement dispersée qui, dans sa définition sociale autant que dans la population qu'elle attire, professeurs, chercheurs ou étudiants, offre une image ambiguë, voire déchirée.

Il faudrait analyser aussi le rapport entre la sociologie et l'histoire, qui n'est pas plus simple – et pour donner un indice de plus du statut de paria qui incombe au sociologue, j'attirerai simplement votre attention sur le soin que mettent les historiens à s'exclure des sciences sociales et, alors qu'ils déclarent si volontiers leur allégeance à l'ethnologie, à se tenir à distance de la sociologie à laquelle, comme les philosophes, ils empruntent néanmoins beaucoup, en matière d'outillage conceptuel notamment. Mais là encore, pour plus de détails, je vous renvoie à un entretien que j'ai eu, il y a quelques années, avec un historien de l'école des *Annales* allemand (Bourdieu, 1995).

Pour construire l'espace des possibles qui s'engendre dans la relation entre un habitus et un champ, il faut encore évoquer rapidement (j'y reviendrai ensuite) les caractéristiques de l'habitus que j'importais dans ce champ : habitus qui, du fait de ma trajectoire sociale, n'était pas modal dans le champ philosophique ni davantage, surtout du fait de ma trajectoire scolaire, dans le champ sociologique, et qui me séparait de la plupart de mes contemporains philosophes ou sociologues. De plus, revenant d'Algérie avec une expérience d'ethnologue qui, menée dans les conditions difficiles d'une guerre de libération, avait marqué pour moi une rupture décisive avec l'expérience scolaire, j'étais porté à avoir une vision assez hautaine de la sociologie et des sociologues, celle du philosophe se renforçant de celle de l'ethnologue.

On comprend que, dans ces conditions, l'espace des possibles qui s'offrait à moi ne pouvait pas se réduire à celui que me proposaient les positions constituées comme sociologiques, en France ou à l'étranger, c'est-à-dire aux États-Unis et secondairement, en Allemagne et en Angleterre. Il est certain que tout m'inclinait à refuser de me laisser enfermer dans la sociologie, ou même dans l'ethnologie et la philosophie, et à penser mon travail par rapport à l'ensemble du champ des sciences sociales et de la philosophie. [Le fait d'être ici à la fois sujet et objet de l'analyse redouble une difficulté, très commune, de l'analyse sociologique, le danger que les interprétations proposées des pratiques, – ce que l'on appelle parfois les « intentions objectives » – soient comprises comme des intentions expresses du sujet agissant, des stratégies intentionnelles, des projets explicites. Lorsque par exemple je mets en relation, comme on ne peut pas, en bonne méthode, ne pas le faire, mes projets intellectuels, particulièrement vastes, ignorants des frontières entre les spécialités, mais aussi entre la sociologie et la philosophie, avec mon passage de la philosophie, discipline prestigieuse, où certains de mes pairs d'école étaient restés, – ce qui est sans doute très important subjectivement – à la sociologie et avec la déperdition de capital symbolique qui en résultait « objectivement », cela ne signifie pas pour autant que mes choix d'objet ou de méthode m'aient été inspirés, de manière consciente ou quasi-cynique, par l'*intention* de sauvegarder ce capital.]

Le fait que je me pensais, à l'origine, comme ethnologue, ce qui était une façon plus acceptable subjectivement d'accepter la dérogeance liée au passage de la philosophie aux sciences sociales, m'a conduit à importer dans la sociologie beaucoup de ce que j'avais appris en faisant de la philosophie et de l'ethnologie : des techniques (comme l'usage intensif de la photographie, que j'avais beaucoup pratiquée en Algérie), des méthodes (comme l'observation ethnographique ou l'entretien avec des sujets traités comme des informateurs plutôt que comme des enquêtés) et surtout peut-être des problèmes et des modes de pensée qui appelaient le polythéisme méthodologique que j'ai peu à peu théorisé depuis (comme la combinaison de l'analyse statistique et de l'observation directe de groupes, dans le cas de *Un art moyen*). Ce qui était une façon de passer à la sociologie, mais une sociologie *redéfinie et ennoblie* (on trouvera des traces de tout ça dans le Prologue de *Travail et Travailleurs en Algérie* – Bourdieu, Darbel, Rivet et Seibel, 1963 – ou dans la préface à *Un art moyen* – Bourdieu, Boltanski, Castel et Chamboredon, 1965), selon le modèle de Ben David et Collins que j'ai raconté ici.

Ce sont sans doute les mêmes principes sociaux (joints à ma formation épistémologique) qui m'inspiraient le refus (ou le mépris) de la définition scientiste de la sociologie, et en particulier le rejet de la spécialisation, qui, imposée par le modèle des sciences les plus avancées, m'apparaissait comme tout à fait dépourvue de justification dans le cas d'une science commençante comme la sociologie (je me rappelle notamment le sentiment de scandale que j'avais éprouvé, au milieu des années 1960, au congrès mondial de sociologie de Varna, devant les divisions injustifiables de la discipline en sociologie de l'éducation, sociologie de la culture et sociologie des intellectuels, chacune de ces sciences pouvant abandonner les véritables principes explicatifs de son objet à une autre). C'est ainsi que j'ai très naturellement pensé qu'il fallait travailler à réunifier une science sociale fictivement morcelée, sans pour autant tomber dans les discours académiques sur le « fait social total » dont se gargarisaient certains des maîtres sorbonnards et, tant dans mes recherches que dans les publications que j'ai favorisées dans la collection « Le Sens commun » que j'avais créée aux Éditions de Minuit, j'ai essayé de réunir l'histoire sociale et la sociologie, l'histoire de la philosophie et l'histoire de l'art (avec des auteurs comme Erwin Panofsky et Michael Baxandall), l'ethnologie, l'histoire et la linguistique, etc. J'ai été ainsi conduit à une pratique scientifique, peu à peu convertie en parti délibéré, dont on peut dire que, par certains côtés, elle est en quelque sorte « anti-tout » et, sous un autre rapport, « attrape tout », *catch all*, comme on dit de certains partis. Et je me suis ainsi trouvé, sans l'avoir jamais voulu explicitement et surtout sans aucune intention « impérialiste », présent à la totalité du champ des sciences sociales.

C'est dire que, même s'il m'est arrivé d'en concevoir et d'en formuler explicitement le projet, en me référant au grand modèle durkheimien, je n'ai jamais eu l'intention explicite de faire une révolution dans les sciences sociales, sinon peut-être contre le modèle américain alors dominant, partout dans le monde, et tout spécialement contre la coupure qu'il introduisait, et parvenait à imposer dans tout l'univers, entre la « *theory* » et la « *methodology* » (incarnée dans l'opposition entre Parsons et Lazarsfeld qui, l'un et l'autre, avaient leurs « comptoirs » et leurs « succursales » d'introducteurs, de traducteurs et de commentateurs en France) et aussi, mais sur un autre terrain, contre la philosophie qui, dans sa définition sociale dominante, me paraissait représenter un obstacle majeur au progrès des sciences sociales (je me suis souvent défini, ici même, sans doute de façon un peu ironique, comme leader d'un mouvement de libération des sciences sociales contre l'empire et l'emprise de la philosophie). Je n'avais pas plus d'indulgence pour les sociologues qui voyaient dans le passage aux USA une sorte de voyage initiatique que je n'en avais eu, dix ou quinze ans plus tôt, pour les philosophes qui se précipitaient aux archives inédites d'un Husserl dont les œuvres majeures étaient encore, pour une grande part, inédites en français.

Je commence par le rapport avec la sociologie américaine qui, dans son expression la plus visible, – je veux parler de ce que j'appelais la triade capitoline, Parsons, Merton, Lazarsfeld –, imposait à la science sociale tout un ensemble de réductions et de mutilations dont il me semblait indispensable de la libérer, notamment par un retour (encouragé par

Lévi-Strauss) aux travaux de Durkheim et des durkheimiens (Mauss notamment) et aussi à l'œuvre de Max Weber (rénovée par une lecture en rupture avec la réduction néo-kantienne qu'avait opérée Aron), deux immenses auteurs qui avaient été annexés, et aplatis, par Parsons. Pour combattre cette nouvelle orthodoxie socialement très puissante (Aron lui-même a consacré deux années de séminaire à Parsons et Lazarsfeld a enseigné, pendant une année, devant toute la sociologie française rassemblée par Boudon et Lécuyer – pas toute : il y avait au moins une exception… – les rudiments de la « méthodologie » que la véritable multinationale scientifique qu'il avait créée imposait avec succès dans tout l'univers), il fallait recourir à des stratégies réalistes et refuser deux tentations complémentaires (en s'aidant de la sociologie de la sociologie et, en particulier, d'un travail comme celui de Michael Pollak – 1979 – sur « Paul Lazarsfeld, fondateur d'une multinationale scientifique ») : d'un côté, la soumission pure et simple à la définition dominante de la science, de l'autre, l'enfermement dans l'ignorance nationale qui conduisait par exemple au refus a priori des méthodes statistiques, associées au positivisme nord-américain, position dont le défenseur le plus visible était sans doute Lucien Goldman, avec aussi certains marxistes qui considéraient comme suspecte, a priori, toute référence à Max Weber ou à la littérature anglo-saxonne que souvent ils connaissaient à peine (c'est entre autres choses contre cette fermeture « nationale » politiquement encouragée et renforcée que j'ai entrepris, avec la collection Le Sens commun des Éditions de Minuit, puis avec la revue *Actes de la recherche en sciences sociales*, d'ouvrir la carrière aux grands chercheurs étrangers, classiques, comme Cassirer, ou contemporains, comme Goffman, Labov, etc.).

Dans la lutte contre l'orthodoxie théorique et méthodologique qui dominait le monde savant, j'ai essayé de trouver des alliés en Allemagne mais la coupure entre les théoriciens scolastiques (l'École de Francfort, Habermas, puis Luhman) et les empiristes soumis à l'orthodoxie américaine y était (et elle y est restée) très forte, pratiquement insurmontable. Il y avait, dans mon projet, tel que je l'expliquais à des amis allemands, une intention politique, mais spécifique : il s'agissait de créer une troisième voie réaliste, capable de conduire à un nouvelle manière de faire la science sociale, en prenant les armes de l'adversaire (statistiques notamment ; mais nous avions aussi en France une grande tradition, avec l'INSEE, auprès de qui j'ai beaucoup appris) pour les retourner contre lui, en réactivant des traditions européennes détournées et déformées par leur retraduction américaine (Durkheim et les durkheimiens, massivement réédités dans la collection Le Sens commun, Weber décapé par une relecture active ou, plus exactement, une réinterprétation libre qui l'arrachait à la fois à Parsons et à Aron, Schütz et la phénoménologie du monde social, etc.); et pour échapper ainsi à l'alternative que dessinait l'opposition entre les simples importateurs de méthodes et de concepts dégriffés et les marxistes ou apparentés, bloqués dans le refus de Weber et de la sociologie empirique. (Dans cette perspective, la politique de traduction était un élément capital : je pense par exemple à Labov dont l'œuvre et la présence active ont servi de base au développement en France d'une vraie sociolinguistique, renouant avec la tradition européenne dont il était lui-même issu). Cela, avec l'ambition de trouver une base internationale à cette nouvelle science, par une action pédagogique tournée notamment vers la Hongrie, qui se libérait doucement du *diamat* et découvrait la statistique (de la pauvreté notamment), vers l'Algérie, alors phare des luttes du Tiers-Monde, et le Brésil.

Mais je m'opposais tout aussi résolument à la philosophie, c'est-à-dire aussi bien aux philosophes d'institution accrochés à la défense de l'agrégation et de ses programmes archaïques et surtout à la philosophie aristocratique de la philosophie comme caste d'essence supérieure, qu'à tous les philosophes qui, en dépit de leur humeur anti-institutionnelle et malgré, pour certains, une rupture affichée avec les « philosophies du sujet », continuaient à professer le mépris de caste à l'égard des sciences sociales qui était un des socles du credo philosophique traditionnel : je pense à Althusser évoquant « les sciences *dites* sociales » ou à Foucault rangeant les sciences sociales dans l'ordre inférieur des « savoirs ». Je ne pouvais pas ne pas ressentir une certaine irritation devant ce qui m'apparaissait comme un double-jeu de ces philosophes qui s'emparaient de l'objet des sciences sociales, tout en travaillant à en saper le fondement. La résistance que j'entendais opposer à la philosophie ne s'inspirait d'aucune hostilité à cette discipline et c'est encore au nom d'une haute idée de la philosophie (trop haute peut-être) que j'ai essayé de contribuer à une sociologie de la philosophie capable d'apporter beaucoup à la philosophie en la débarrassant de la philosophie doxique de la philosophie qui est un effet des contraintes et des routines de l'institution philosophique.

C'est sans doute la situation très singulière de la philosophie en France, conséquence notamment de l'existence, tout à fait unique, d'un enseignement de la philosophie dans les classes terminales de l'enseignement secondaire, et de la position dominante de la philosophie dans les hiérarchies scolaires, qui explique la force particulière de la subversion philosophique qui est apparue en France dans les années 1970 (il faudrait proposer ici un modèle analogue à celui que j'ai invoqué pour expliquer la force exceptionnelle du mouvement de subversion anti-académique qui est apparu en France, avec Manet et les impressionnistes, en réaction contre une institution académique toute puissante, et l'absence au contraire d'un tel mouvement en Angleterre, du fait de l'absence d'une semblable concentration des pouvoirs symboliques en matière artistique).

Mais le mouvement des philosophes français qui accèdent à la célébrité dans les années 1970 doit son ambiguïté au fait que la révolte contre l'institution universitaire se com-

bine avec une *réaction conservatrice* contre la menace que
l'ascension des sciences sociales, notamment à travers la linguistique et l'anthropologie « structuralistes », faisait peser
sur l'hégémonie de la philosophie (j'ai analysé plus en détail
le contexte social de la relation entre la philosophie et les
sciences sociales dans *Homo academicus* et tout spécialement dans la préface à la deuxième édition de ce livre) : du
fait que, en raison de la trajectoire scolaire qui les menait au
sommet de l'institution universitaire au moment où celle-ci
entrait dans une très profonde crise, ils étaient animés
d'une humeur anti-institutionnelle particulièrement forte
contre une institution particulièrement rigide, fermée et
oppressive, les philosophes français des années 1970 ont
répondu de manière « providentiellement » adaptée (sans
évidemment l'avoir en rien cherché) aux attentes suscitées
par la « révolution » de 68, révolution spécifique, qui a
porté la contestation politico-intellectuelle dans le champ
universitaire (Feyerabend à Berlin et Kuhn aux USA étant
aussi utilisés pour donner un langage à une contestation
spontanée de la science). Mais par ailleurs, hantés par le
maintien de leur hégémonie par rapport aux sciences sociales,
ils reprenaient paradoxalement à leur compte en la radicali-
sant, dans une stratégie très proche de celle de Heidegger
ontologisant l'historicisme (Bourdieu, 1988 a), la critique
historiciste de la vérité (et des sciences).

Les années 1970 marquent un brusque renversement du
pour au contre du *mood* philosophique dominant. Jusque là,

la philosophie (au moins anglo-saxonne et même continentale) aspirait à la logique, ambitionnant de construire un système formel unitaire fondé sur l'analyse des mathématiques de Russell ; la philosophie analytique, l'empirisme logique des Hempel, Carnap et Reichenbach, grands admirateurs du premier Wittgenstein *(Tractatus)*, et aussi la phénoménologie, suivaient Frege dans son refus de toute concession à « l'historicisme » et au « psychologisme » ; tous affirmaient la même volonté d'instaurer une coupure très tranchée entre les questions formelles ou logiques et les questions empiriques, pensées comme non rationnelles ou même irrationnelles – ils se dressaient notamment contre la « *genetic fallacy* » consistant à mêler des considérations empiriques avec des justifications logiques. Cette conversion collective, sorte de revanche sans quartier de la « *genetic fallacy* », « symbolisée », pour la France, par le passage de Koyré et Vuillemin à Foucault et Deleuze, fait apparaître l'attachement aux vérités formelles et universelles comme démodé et même un peu réactionnaire, comparé à l'analyse de situations historico-culturelles particulières, illustrée par les textes de Foucault qui, rassemblés sous le titre de *Power/Knowledge*, ont façonné sa figure américaine (sur le tournant des années 1970 aux USA, on pourra lire Stephen Toulmin, 1979 : 143-144). [Il serait facile de montrer que, tout en restant enracinée dans la philosophie la plus aristocratique de la philosophie, cette transformation de l'humeur philosophique est très directement liée, dans son style et dans ses objets, aux expériences et aux influences

de mai 68 qui font découvrir aux philosophes et à la philosophie, la politique ou, comme ils aiment à dire, *le* politique.]

Je pense que cette analyse, pour si simplificatrice qu'elle
soit, permet de comprendre, et à moi tout le premier, que
je me sois constamment trouvé en porte-à-faux par rapport
à ceux que le radicalisme de campus a classés globalement
dans la catégorie fourre-tout des « postmodernes » (ceux
qui s'intéressent à la « réception » trouveraient sans doute
dans ce décalage la clé de l'accueil fait à mon œuvre aux
USA : est-il moderne ou post-moderne, sociologue ou
philosophe, ou, secondairement, ethnologue ou sociologue,
ou même, de droite ou de gauche, etc. ? – Bourdieu 1996).
Ayant quitté la philosophie pour la sociologie (transition-
trahison qui, du point de vue de ceux qui restent attachés
au titre de philosophe, fait une différence *toto caelo*), je ne
pouvais, en tant que savant d'aspiration, que rester enraciné
dans la vision rationaliste ; cela, au lieu d'utiliser, comme
Foucault ou Derrida, les sciences sociales pour les réduire
ou les détruire, tout en les pratiquant sans le dire et sans
payer le prix d'une véritable conversion aux servitudes de la
recherche empirique. Fortement enraciné dans une tradition philosophique *hard* (Leibniz, Husserl, Cassirer, histoire et philosophie des sciences, etc.) et n'étant pas allé à la
sociologie par un choix négatif (Georges Canguilhem,
auprès de qui j'avais inscrit un sujet de thèse, par la suite
répudié, m'avait aménagé une carrière de philosophe sur le
modèle de la sienne, – un poste de professeur de philoso-

phie à Toulouse associé à des études de médecine), je n'étais pas incliné à des conduites compensatoires du type de celles qui portent certains, moins assurés, sociologues, ou historiens, à « faire les philosophes ». Fidèle en cela à cette sorte d'aristocratisme du refus qui caractérisait pour moi Canguilhem, je m'ingéniais méthodiquement à laisser dans des notes ou des incises les réflexions que l'on aurait pu dire « philosophiques » (je pense par exemple à une des rares discussions explicites que j'aie consacrées à Foucault, et qui se trouve reléguée dans la note finale d'un article obscur de la revue *Études rurales* (1989), où je reprenais la recherche que j'avais menée trente ans plus tôt sur le célibat chez les paysans). En revendiquant toujours hautement le titre de sociologue, j'excluais tout à fait consciemment (au prix d'une perte de capital symbolique complètement assumée) les stratégies très répandues de double jeu et de double profit (sociologue et philosophe, philosophe et historien) qui, je dois l'avouer, m'étaient profondément antipathiques, entre autres raisons parce qu'elles me semblaient annonciatrices d'un manque de rigueur éthique et scientifique (Bourdieu, 1996).

On comprend que, dans la même logique, je ne pouvais pas entrer dans les débats sur la science tels qu'ils se présentaient dans les années 1970. En fait, ayant très naturellement rencontré, en tant que sociologue, le problème de l'enracinement social de la science que les autres ne découvrent qu'indirectement, je me suis contenté de faire mon métier

de sociologue en soumettant la science et le champ scientifique, pour moi un objet comme les autres (sauf qu'il me
donnait une occasion d'affronter un des piliers de la triade
capitoline, Robert Merton), à une analyse sociologique – au
lieu de régler des comptes avec la science (sociale) comme le
feront les philosophes « post-modernes » et, dans des styles
différents, tous les nouveaux « philosophes-sociologues » de
la science. Il n'est pas besoin de recourir à des moyens de
rupture extraordinaires (comme la référence aussi équivoque
qu'ennoblissante à Wittgenstein) pour soumettre à la critique sociologique les visions logicistes et scientistes ; pas
besoin non plus de ruptures ostentatoires avec la tradition
rationaliste à laquelle m'attachaient ma formation (histoire
et philosophie des sciences) et mon orientation philosophique, et aussi ma position de chercheur. Et je ne cesserai
pas de m'appuyer sur Bachelard et la tradition française
d'épistémologie, dans mon effort pour fonder une épistémologie des sciences sociales sur une philosophie constructiviste de la science (qui anticipe Kuhn mais sans verser purement et simplement dans le relativisme des post-modernes),
aussi bien que dans mon analyse du champ scientifique. La
rupture, qui me paraît s'imposer, avec la vision indigène de
la science, plus ou moins relayée par la vision savante (mertonienne), ne conduit ni à une mise en question ni davantage à une légitimation de la science (notamment sociale) et
ma position de double-refus (ni Merton, ni Bloor-Collins,
ni relativisme nihiliste, ni scientisme), me mettra en porte-à-

faux, une fois de plus, dans les débats des nouveaux sociologues de la science, que j'avais contribué à lancer.

Cette prise de position en apparence tiède et prudente doit aussi sans doute beaucoup aux dispositions d'un habitus qui incline au refus de la posture « héroïque », « révolutionnaire », « radicale » ou, mieux, « *radical chic* », bref du radicalisme postmoderne identifié à la profondeur philosophique, – comme aussi, en politique, au rejet du « gauchisme » (à la différence de Foucault et Deleuze), mais aussi du PC ou de Mao (à la différence d'Althusser). Et c'est sans doute encore par les dispositions de l'habitus qu'il faut expliquer l'antipathie que m'inspirent les phraseurs et les faiseurs et le respect que j'éprouve pour les « travailleurs de la preuve », pour parler comme Bachelard, et tous ceux qui, aujourd'hui, en sociologie et en histoire de la science, perpétuent sans tapage la tradition de philosophie et d'histoire des sciences inaugurée par Bachelard, Canguilhem, Koyré ou Vuillemin.

Mais peut-être tous ces refus n'avaient-ils pas d'autre fondement que l'intuition que ces poses et ces postures ultra-radicales ne sont que l'inversion de positions autoritaires et conservatrices, ou cyniques et opportunistes ; intuition de l'habitus qui a été amplement confirmée par les fluctuations de tant de trajectoires ultérieures au gré des forces du champ, avec par exemple le passage du tout (est) politique au tout (est) moral, la constance des habitus pouvant se manifester par l'inversion des prises de position quand s'inverse l'espace des possibles (je pourrais analyser ici, entre autres, toutes sortes de renversements à première apparence renversants, comme les passages de Heidegger à Wittgenstein ou le malentendu des althusseriens sur le cercle de Vienne et la philosophie autrichienne, qui, pour ceux qui ont un peu d'âge et de mémoire, évoquent très précisément le traitement fait à Heidegger par les marxistes chics, sans parler des revirements politiques que l'on a coutume de dire spectaculaires, et qui ont conduit tant de contemporains de l'ultra-bolchévisme à l'ultra-libéralisme, tempéré ou non en un social-libéralisme fort opportun, et opportuniste).

Il faudrait, en bonne méthode, examiner l'état actuel du champ de la sociologie et du champ des sciences sociales afin de se donner les moyens de comprendre les trajectoires individuelles et collectives (notamment celle du groupe de recherche que j'ai animé) en relation avec les changements des rapports de force symboliques à l'intérieur de chacun de ces deux champs et entre eux (en distinguant bien les deux espèces de capital-pouvoir scientifique). On peut dire, au moins, que la position de la sociologie dans l'espace des disciplines s'est profondément transformée, ainsi que la structure du champ sociologique – et que c'est sans doute ce qui me donne la possibilité de dire ce que je dis, et que je n'aurais pas pu dire il y a trente ans, c'est-à-dire notamment le projet de transformer le champ qui, à l'époque, serait apparu comme insensé, ou, plus précisément, mégalomane et réductible aux particularités d'une personne singulière (il reste quelque chose de tout cela lorsque l'on caractérise le groupe de recherche que j'ai construit, le Centre de sociologie européenne, comme une *secte*, faute de comprendre et d'accepter l'intention globale d'un projet scientifique collectif, cumulatif, qui intègre les acquis théoriques et techniques de la discipline, dans une logique semblable à celle des sciences de la nature, et qui se fonde sur un ensemble commun de choix philosophiques explicites, notamment en ce qui concerne les présupposés anthropologiques impliqués dans toute science de l'homme).

Il faudrait considérer aussi ma trajectoire dans ce champ, en prenant en compte, pour éviter l'usage un peu simpliste qui est fait souvent du concept de « mandarin », lui-même assez simpliste et sociologiquement peu adéquat, le caractère spécifique de la position du Collège de France, la moins institutionnelle (ou la plus anti-institutionnelle) des institutions universitaires françaises qui, comme je l'ai montré dans *Homo academicus* (1984), est le lieu des hérétiques consacrés. Il faudrait examiner le sens et la portée de la « révolution » qui a été accomplie, mais qui, si elle a réussi sur le plan symbolique (au moins à l'étranger), a connu, au niveau institutionnel, un échec assez indiscutable qui se voit bien dans le destin du groupe, ensemble uni d'individus relégués dans des positions universitaires secondaires, marginales ou mineures : la difficulté rencontrée dans la tentative pour « faire école » rappelle celle qu'a connue en son temps Émile Durkheim (qui pourtant avait mieux compris qu'on ne pouvait pas faire école sans s'emparer de l'école et qui avait fait des efforts méthodiques dans ce sens). Il faudrait analyser la fonction de la revue *Actes de la recherche en sciences sociales* comme instrument de reproduction autonome par rapport à la reproduction scolaire, contrôlée en grande partie par les détenteurs des pouvoirs temporels qui, on l'a vu, sont plutôt nationaux. Il faudrait, pour finir, analyser le coût extrême de l'appartenance prolongée au groupe dont la responsabilité est imputée au fondateur et aux responsables du groupe, alors qu'il est pour une grande part l'effet de mécanismes sociaux de rejet (ce serait sans doute une autre occasion de parler de reproduction interdite).

J'ai déjà anticipé sur l'analyse de l'habitus en invoquant à plusieurs reprises le rôle des dispositions socialement constituées dans mes prises de position et, en particulier, dans mes sympathies ou mes antipathies pour des idées ou des personnes. Je ne fais pas exception à la loi sociale qui veut que la position géographique et sociale d'origine joue un rôle déterminant dans les pratiques, en relation avec les espaces sociaux à l'intérieur desquels s'actualisent les dispositions qu'elle favorise.

Le passé social est particulièrement embarrassant quand il s'agit de faire des sciences sociales. Et cela quel qu'il soit, populaire ou bourgeois, masculin ou féminin. Toujours entrelacé avec le passé qu'explore la psychanalyse et retraduit ou converti en un passé scolaire auquel les verdicts de l'école confèrent parfois la force d'un destin, il continue à peser pendant toute la durée d'une existence. On sait bien par exemple, mais sans doute un peu abstraitement, que les différences d'origine sociale continuent à orienter tout au long de la vie les pratiques et à déterminer le succès social qui leur est accordé. Mais ce n'est pas sans étonnement que j'ai pu vérifier que des normaliens d'origines sociales différentes, pourtant « égalisés » en apparence par la réussite au même concours et la détention d'un titre socialement homogénéisant (par la distinction même qu'il affirme par rapport à tous les autres), ont connu des destinées, notamment universitaires, profondément différentes et proportionnées, en quelque sorte, à leur statut initial (Bourdieu, 1975b).

Je ne m'étendrai pas, parce que ce serait trop difficile dans le cadre d'une intervention publique, sur les propriétés de ma famille d'origine. Mon père, fils de métayer devenu, vers la trentaine, c'est-à-dire à peu près au moment de ma naissance, petit fonctionnaire rural, a exercé toute sa vie son métier d'employé dans un petit village du Béarn particulièrement reculé (bien que tout proche de Pau, à moins de 20 kilomètres, il était inconnu de mes camarades de lycée, qui en plaisantaient); je pense que mon expérience enfantine de fils de transfuge (que j'ai reconnue dans le Nizan qu'évoque Sartre dans sa préface à *Aden Arabie*) a sans doute beaucoup pesé dans la formation de mes dispositions à l'égard du monde social : très proche de mes camarades d'école primaire, fils de petits paysans, d'artisans ou de commerçants, avec qui j'avais à peu près tout en commun, sauf la réussite qui me distinguait un peu, j'en étais séparé par une sorte de barrière invisible, qui s'exprimait parfois dans certaines insultes rituelles contre *lous emplegats*, les employés « toujours à l'ombre », un peu comme mon père était séparé (et il donnait beaucoup de signes du fait qu'il en souffrait, comme le fait qu'il votait toujours très à gauche) de ces paysans (et de son père et de son frère restés à la ferme qu'il allait aider chaque année à l'occasion de ses congés) dont il était pourtant très proche (notamment par les services assidus qu'avec une infinie patience, il leur rendait) et qui étaient, au moins pour quelques uns, beaucoup plus fortunés que lui. (Vous devez penser que le langage que je tiens est bien embrouillé, mais, – et c'est encore une de ces différences indélébiles –, toutes les « histoires » de vie ne sont pas également faciles et agréables à raconter, notamment parce que l'origine sociale, surtout s'agissant de quelqu'un qui, comme moi, a montré l'importance de cette variable, est prédisposée à jouer le rôle d'instrument et d'enjeu de luttes, de polémique, et à être utilisée dans les sens les plus différents mais, à peu près toujours, pour le pire…).

Il faudrait analyser aussi l'expérience, sans doute profondément « structurante » de l'internat, à travers notamment la découverte d'une différence sociale, cette fois inversée, avec les citadins « bourgeois », et de la coupure entre le monde de l'internat (Flaubert a écrit quelque part que celui qui a connu l'internat, à douze ans, sait à peu près tout de la vie), école terrible de réalisme social, où tout est déjà présent, l'opportunisme, la servilité intéressée, la délation, la trahison, la dénonciation, etc., et le monde de la classe, où règnent des valeurs en tout point opposées et ces professeurs qui, notamment les femmes, proposent un univers de découvertes intellectuelles et de relations humaines que l'on peut dire enchantées. J'ai compris récemment que mon investissement très profond dans l'institution scolaire s'est sans doute constitué dans cette expérience duale et que la révolte profonde, qui ne m'a jamais quitté, contre l'École telle qu'elle est, vient sans doute de l'immense déception, inconsolable, que produit en moi le décalage entre la face nocturne et détestable et la face diurne et suprêmement respectable de l'école (la même chose pouvant se dire, par transposition, des intellectuels).

Pour éviter de surcharger indéfiniment l'analyse, je voudrais en venir rapidement à ce qui m'apparaît aujourd'hui, dans l'état de mon effort de réflexivité, comme l'essentiel, le fait que la coïncidence contradictoire de l'élection dans l'aristocratie scolaire et de l'origine populaire et provinciale (j'aurais envie de dire : particulièrement provinciale) a été au principe de la constitution d'un *habitus clivé*, générateur de toutes sortes de contradictions et de tensions. Il n'est pas facile de décrire les effets, c'est-à-dire les dispositions, que cette sorte de *coincidentia oppositorum* a engendrés. D'un côté, une disposition rétive, notamment à l'égard du système scolaire, *Alma mater* à deux visages contrastés qui, sans doute parce qu'elle a été l'objet d'un attachement excessif d'oblat, fait l'objet d'une violente et constante révolte fondée sur la dette et la déception. De l'autre, la hauteur, l'assurance, voire l'arrogance du « sursélectionné », porté à se vivre comme un miraculé fils de ses œuvres, capable de relever tous les défis (j'en vois un exemple paradigmatique dans le mauvais tour que Heidegger joue aux kantiens lorsqu'il leur arrache un des socles du rationalisme en découvrant la finitude au cœur de l'Esthétique transcendantale). L'ambivalence à l'égard du monde universitaire et du monde intellectuel qui en résulte voue tout mon rapport à ces univers à apparaître comme incompréhensible ou déplacé, qu'il s'agisse de l'indignation exaltée et réformatrice ou de la distance spontanée à l'égard des consécrations scolaires (je pense à tel qui s'indignait de la réflexivité critique de ma leçon inaugurale, sans voir que c'était la condition pour rendre l'expérience supportable) ou encore de la lucidité sur les mœurs et les humeurs universitaires qui ne peut s'exprimer, dans des propos quotidiens ou des livres (Bourdieu 1984, 1988b), sans passer pour la trahison de celui qui « crache dans la soupe » ou, pire, « vend la mèche ».

Cette ambivalence est au principe d'une *double distance* par rapport aux positions opposées, dominantes et dominées, dans le champ. Je pense par exemple à mon attitude en matière de politique, qui m'éloigne à la fois de l'aristocratisme et du populisme et à la posture rétive qui, en dehors de tout impératif de la vertu civique ou morale, mais aussi de tout calcul, m'oriente à peu près toujours à contre-pente, me portant à me dire ostentatoirement weberien ou durkheimien en des temps, autour de 68, où il était bien vu d'être marxiste ou au contraire, comme aujourd'hui, à entrer dans une sorte de dissidence assez solitaire quand tout le monde semble trouver plus opportun de se rallier à l'ordre social (et « socialiste »). Cela sans doute, en partie, par réaction contre les prises de position de ceux qui suivent les penchants d'habitus différents du mien et dont le conformisme opportuniste m'est particulièrement antipathique lorsqu'il prend la forme d'un pharisaïsme de la défense des bonnes causes. Comment ne pas citer ici Bouveresse (en qui mon habitus me porte à me reconnaître souvent...)? : « Musil dit de son héros, Ulrich, dans *L'Homme sans qualités*, qu'il aimait les mathématiques à cause de tous les gens qui ne peuvent pas les souffrir. J'ai aimé initialement la logique mathématique en partie pour des raisons de même genre, à cause du mépris et de la peur qu'elle inspirait généralement aux philosophes de mon entourage » (Bouveresse, 2001 : 198).

Mais c'est sans doute dans le style propre de ma recherche, dans le type d'objets qui m'intéressent et la manière qui est la mienne de les aborder que l'on trouverait sans doute la manifestation la plus claire d'un habitus scientifique clivé, produit d'une « conciliation des contraires » qui incline peut-être à « réconcilier les contraires ». Je pense au fait d'investir de grandes ambitions théoriques dans des objets empiriques souvent très triviaux, la question des structures de la conscience temporelle à propos du rapport à l'avenir des sous-prolétaires, les questions rituelles de l'esthétique, kantienne notamment, à propos de la pratique photographique ordinaire, la question du fétichisme à propos de la haute couture et du prix des parfums, le problème des classes sociales à l'occasion d'un problème de codage, autant d'attestations d'une manière à la fois ambitieuse et « modeste » de faire la science. Peut-être que le fait de sortir des « classes » que l'on dit parfois « modestes » procure en ce cas des vertus que n'enseignent pas les manuels de méthodologie, comme l'absence de tout dédain pour les patiences et les minuties de l'empirie ; le goût des objets humbles (je pense aux artistes qui, comme Saytour, réhabilitent les matériaux déclassés, tel le linoléum); l'indifférence aux barrières disciplinaires et à la hiérarchie sociale des domaines qui porte vers des objets dédaignés et qui encourage à réunir le plus haut et le plus bas, le plus chaud et le plus froid ; la disposition anti-intellectualiste qui, intellectuellement cultivée, est au principe de la théorie de la pratique engagée dans le travail scientifique (par exemple dans le rôle donné à l'intuition), et qui conduit à un usage anti-scolastique des concepts excluant aussi bien l'exhibition théoriciste que la fausse rigueur positiviste (ce qui entraîne des malentendus avec les « théoriciens » et surtout les méthodologues sans pratique, comme tel ou tel écrivant sur la notion d'habitus); le sens et le goût des savoirs et savoir-faire tacites qui s'investissent par exemple dans la construction d'un questionnaire ou d'une feuille de codage. Et ce sont sans doute les dispositions antagonistes d'un habitus clivé qui m'ont encouragé à entreprendre et m'ont permis de réussir la transition périlleuse d'une discipline souveraine, la philosophie, à une discipline stigmatisée comme la sociologie, mais en important dans cette discipline inférieure les ambitions associées à la hauteur de la discipline d'origine en même temps que les vertus scientifiques capables de les accomplir (Ben-David et Collins, 1997).

Contrairement à ce qu'exige l'impératif de la *Wertfreiheit*, l'expérience liée au passé social peut et doit être mobilisée dans la recherche, à condition d'avoir été préalablement soumise à un examen critique rigoureux. Le rapport au passé qui reste présent et agissant sous forme d'habitus doit être socioanalysé. Par l'anamnèse libératrice qu'elle favorise, la socioanalyse permet de rationaliser, sans cynisme, les stratégies scientifiques. Elle permet de comprendre le jeu au lieu de le subir ou d'en souffrir et même, jusqu'à un certain point, d'en « tirer des enseignements » – par exemple en tirant parti des révélations que peut apporter à chacun la lucidité intéressée de ses concurrents ou en amenant à porter à la conscience les fondements sociaux des affinités intellectuelles.

C'est ainsi que la sociologie de l'éducation peut jouer un rôle déterminant dans ce que Bachelard appelait « psychanalyse de l'esprit scientifique » et j'ai sans doute énormément profité dans mon travail, et pas seulement dans le domaine de l'éducation, de la lucidité toute particulière de celui qui est resté marginal tout en accédant aux lieux les plus centraux du système. Mais cette lucidité s'est constamment nourrie d'elle-même dans et par un effort constant pour demander à la sociologie les moyens d'explorer plus avant l'inconscient social du sociologue (je pense par exemple à l'analyse des catégories de l'entendement professoral).

Un des fondements de cette dimension de la compétence scientifique que l'on appelle communément « intuition » ou « imagination créatrice » est sans doute à chercher dans l'usage scientifique d'une expérience sociale préalablement soumise à la critique sociologique. Il faudrait raconter ici en détail (mais je l'ai fait récemment dans une intervention intitulée « Participant Objectivation » – Bourdieu, à paraître) cette sorte d'expérimentation sur le travail de réflexivité que j'ai faite à l'occasion de l'enquête qui a mené à l'article des années 1960, intitulé « Célibat et condition paysanne » (1962): ayant pris conscience du fait que j'utilisais mon expérience sociale primaire pour me défendre contre la sociologie spontanée de mes informateurs kabyles, j'ai voulu revenir à la source de cette expérience et la prendre pour objet, et j'ai ainsi découvert, à propos de deux exemples, d'une part la notion de *besiat*, le voisinage, l'ensemble des voisins, que certains ethnologues avaient constituée en unité sociale, et d'autre part à propos d'une remarque d'un informateur sur l'intérêt qu'on peut avoir à « cousiner », comme on disait au grand siècle (« ils sont devenus très parents depuis qu'il y a un Polytechnicien dans la famille »), que le modèle généalogique et les idées admises en matière de parenté empêchent d'appréhender dans leur vérité les stratégies de reproduction par lesquelles les groupes sont maintenus à l'existence et le mode d'existence même de ces groupes. Bref, on voit qu'une expérience sociale, quelle qu'elle soit, et surtout peut-être lorsqu'elle s'est accompagnée de crises, de conversions et de reconversions, peut, à condition d'être maîtrisée par l'analyse, se convertir de handicap en capital.

Je n'ai pas cessé de répéter que la sociologie de la sociologie n'est pas une division parmi d'autres de la sociologie ; qu'il faut se servir de la science sociologique acquise pour faire de la sociologie ; que la sociologie de la sociologie doit accompagner sans cesse la pratique de la sociologie. Mais, même s'il y a une vertu de la prise de conscience, la vigilance sociologique ne suffit pas. La réflexivité n'a toute son efficacité que lorsqu'elle s'incarne dans des collectifs qui l'ont incorporée, au point de la pratiquer sur le mode du réflexe. Dans un groupe de recherche de cette sorte, la censure collective est très puissante, mais c'est une censure libératrice, qui fait rêver à celle d'un champ idéalement constitué, qui libèrerait chacun des participants des « biais » liés à sa position et à ses dispositions.

CONCLUSION

Je sais que je suis pris et compris dans le monde que je prends pour objet. Je ne puis pas prendre position, en tant que savant, sur les luttes pour la vérité du monde social sans savoir que je le fais, que la seule vérité est que la vérité est un enjeu de luttes tant dans le monde savant (le champ sociologique) que dans le monde social que ce monde savant prend pour objet (chaque agent a sa vision idiotique du monde qu'il vise à imposer, l'insulte étant, par exemple, une forme d'exercice sauvage du pouvoir symbolique) et à propos duquel il engage ses luttes de vérité. En disant cela, et en préconisant la pratique de la réflexivité, j'ai aussi conscience de livrer aux autres des instruments qu'ils peuvent m'appliquer pour me soumettre à l'objectivation, – mais en agissant ainsi, ils me donnent raison.

Du fait que la vérité du monde social est un enjeu de luttes dans le monde social et dans le monde (sociologique) qui est voué à la production de la vérité sur le monde social, la lutte pour la vérité du monde social est nécessairement sans fin, interminable. (Et la science sociale n'en aura jamais fini avec l'effort pour s'imposer comme science). La vérité, c'est la relativité généralisée des points de vue, mis à part celui qui les constitue comme tels en constituant l'espace des points de vue. On ne peut pas ne pas penser à une métaphore que j'ai déjà évoquée : empruntée à Leibniz, elle consiste à tenir Dieu pour le « géométral de toutes les perspectives », le lieu où s'intègrent et se réconcilient tous les points de vue partiels, le point de vue absolu depuis lequel le monde se donne en spectacle, un spectacle unifié et unitaire, la vue sans point de vue, *view from nowhere* et *from everywhere* d'un Dieu sans lieu, qui est à la fois partout et nulle part. Mais ce « géométral de toutes les perspectives » n'est autre que le champ où, comme je n'ai pas cessé de le rappeler, les points de vue antagonistes s'affrontent selon des procédures réglées et s'intègrent progressivement, par la vertu de la confrontation rationnelle. C'est un acquis que le sociologue singulier, pour si grande que puisse être la contribution qu'il apporte à la structuration et au fonctionnement du champ, doit se garder d'oublier. Comme il doit se garder d'oublier aussi que si, comme n'importe quel autre savant, il s'efforce de contribuer à la construction du point de vue sans point de vue qu'est le point de vue de la science, il est, en tant qu'agent social, pris dans l'objet qu'il prend pour objet et qu'à ce titre il a un point de vue qui ne coïncide ni avec celui des autres ni avec le point de vue en survol et en surplomb de spectateur quasi-divin qu'il peut atteindre s'il accomplit les exigences du champ. Il sait par conséquent que la particularité des sciences sociales lui impose de travailler (comme j'ai essayé de le faire pour le cas du don et du travail dans les *Méditations pascaliennes* – 1997), à construire une vérité scientifique capable d'intégrer la vision de l'observateur et la vérité de la vision pratique de l'agent comme point de vue qui s'ignore comme tel et s'éprouve dans l'illusion de l'absolu.

BIBLIOGRAPHIE

ABRAGAM A., 2001, *De la physique avant toute chose ?* Paris, Éditions Odile Jacob.

ARON R., 1984, *Paix et Guerre entre les nations*, Paris, Calmann-Lévy.

BARNES B., 1974, *Scientific Knowledge and Sociological Theory*, Londres, Routledge & Kegan Paul.

BARNES B., et BLOOR D., 1982, « Relativism, Rationalism and Sociology of Knowledge », *in* Nollis M. et Lukes S. (éds), *Rationality and Relativism*, Oxford, Blackwell.

BEN-DAVID J., 1997, *Éléments d'une sociologie historique des sciences*, Paris, PUF.

BEN-DAVID J., et COLLINS R., 1997, « Les facteurs sociaux dans la genèse d'une nouvelle science. Le cas de la psychologie », p. 65-96, *in* Ben-David J. (éd.), *Éléments d'une sociologie historique des sciences*, Paris, PUF.

BIAGIOLI M., 1998, « The Instability of Authorship : Credit and Responsability in Contemporary Biomedecine », *The Faseb Journal*, 12, p. 3-16.

BITBOL M., 1996, *Mécanique quantique, une introduction philosophique*, Paris, Flammarion.

BLOOR D., 1983, *Wittgenstein : A Social Theory of Knowledge*, New-York, Columbia University Press.

BLOOR D., 1992, « Left and Right Wittgensteinians », *in* Pickering A., (éd.), 1992, *Science as Practice and Culture*, Chicago, University of Chicago Press.

BOURDIEU P., 1962, « Célibat et condition paysanne », *Études rurales*, p. 32-136.

BOURDIEU P., DARBEL A., RIVET J.-P., et SEIBEL C., 1963, *Travail et Travailleurs en Algérie*, Paris-La Haye, Mouton.

BOURDIEU P., BOLTANSKI L., CASTEL R., et CHAMBOREDON J.-C., 1965, *Un art moyen, essai sur les usages sociaux de la photographie*, Paris, Éditions de Minuit (nouv. éd. revue, 1970).

BOURDIEU P., et PASSERON J.-C., 1967, « Sociology and Philosophy in France since 1945. Death and Resurrection of a Philosophy without Subject », *Social Research*, 34 (1), p. 162-212.

BOURDIEU P., CHAMBOREDON J.-C., et PASSERON J.-C., 1968, *Le Métier de sociologue*, Paris, Mouton-Bordas.

BOURDIEU P., 1975a, « La spécificité du champ scientifique et les conditions sociales du progrès de la raison », *Sociologie et Sociétés,* 7 (1), p. 91-118 ; aussi, 1976, « Le champ scientifique », *Actes de la recherche en sciences sociales*, 2-3, p. 88-104.

BOURDIEU P., 1975b, « Les catégories de l'entendement professoral », *Actes de la recherche en sciences sociales*, 3, p. 68-93 (avec M. de Saint Martin).

BOURDIEU P., 1979, *La Distinction*, Paris, Éditions de Minuit.

BOURDIEU P., 1982, *Ce que parler veut dire,* Paris, Fayard.

BOURDIEU P., 1984, 1992, *Homo academicus*, Paris, Éditions de Minuit.

Bourdieu P., 1988a, *L'Ontologie politique de Martin Heidegger*, Paris, Éditions de Minuit.

Bourdieu P., 1988b, Préface, p. I-V, *in* Mazon B., *Aux origines de l'École des hautes études en sciences sociales. Le rôle du mécénat américain*, Paris, Éditions du cerf.

Bourdieu P., 1989, « Reproduction interdite. La dimension symbolique de la domination économique », *Études rurales*, 113-114, p. 15-36

Bourdieu P., 1990, « Animadversiones in Mertonem », *in* Clark J., Modgil C. et Modgil S. (éds.), *in Robert K. Merton : Consensus and Controversy*, Londres-New York, Falmer Press, p. 297-301.

Bourdieu P., 1995, « Sur les rapports entre la sociologie et l'histoire en Allemagne et en France » (entretien avec L. Raphael), *Actes de la recherche en sciences sociales*, 106-107, p. 108-122.

Bourdieu P., 1996, « Passport to Duke » (trad. L. Wacquant), *in* Sabour M., « Pierre Bourdieu's Thought in Contemporary Social Sciences », *International Journal of Contemporary Sociology*, 33 (2), 1996, p. 145-150.

Bourdieu P., 1997, *Méditations pascaliennes*, Paris, Éditions du Seuil.

Bourdieu P., 1999, « Une révolution conservatrice dans l'édition », *Actes de la recherche en sciences sociales*, 126-127, p. 3-28.

Bourdieu P., 2001a, *Contre-feux 2. Pour un mouvement social européen*, Paris, Raisons d'agir Éditions.

Bourdieu P., 2001b, *Langage et Pouvoir symbolique*, Paris, Éditions du Seuil.

BOURDIEU P., à paraître, « Participant Objectivation. Breacking the Boundary between Anthropology and Sociology : How ? » (discours prononcé lors de la remise de la Huxley Memorial Medal for 2000, Londres, Royal Anthropological Institute, 6 décembre 2000).

BOUVERESSE J., 1999, *Prodiges et Vertiges de l'analogie*, Paris, Raisons d'agir Éditions.

BOUVERESSE J., 2001, *Essais. L'époque, la mode, la morale, la satire*, II, Marseille, Agone.

CALLON M., 1986, « Some Elements of a Sociology of Translation : Domestication of the Scallops and the Fishermen of St-Brieuc Bay », *in* Law J., (éd.), *Power, Action and Belief : A New Sociology of Knowledge*, Londres, Routledge and Kegan Paul, p. 196-233.

CARNAP R., 1950, « Empiricism, Semantics and Ontology », *Revue internationale de philosophie*, 4, p. 20-40.

COLE S., et COLE J., 1967, « Scientific Output and Recognition : A Study in the Operation of the Reward System in Science », *American Sociological Review,* 32 (3), p. 377-390.

COLE J., et ZUCKERMAN H., 1975, « The Emergence of a Scientific Speciality : the Self Exemplifying Case of the Sociology of Science » p. 139-174, *in* Coser L. (éd.), *The Idea of Social Structure : Papers in Honor of Robert Merton*, New-York, Harcourt Brace Jovanowich.

COLLINS H.M., (éd.), 1981, *Knowledge and Controversy : Studies of Modern Natural Science*, Special Issue of *Social Studies of Science*, 11 (1).

COLLINS H.M., 1985, *Changing Order*, Londres, Sage (2ᵉ éd., Chicago, University of Chicago Press, 1992).

FLECK L., 1980, *Enstehung und Entwicklung einer wissenschaftlichen Tatsache*, Francfort/Main, Suhrkamp (trad. américaine, *Genesis and Development of a Scientific Fact*, Chicago, University of Chicago Press, 1979).

FREGE A., 1953, *The Foundations of Mathematics*, Oxford, Basil Blackwell.

FRIEDMAN M., 1996, « Overcoming Metaphysics : Carnap and Heidegger », p. 256 sq., *in* Giere R. et Richardson A. (éds), *Origins of Logical Empiricism*, Minneapolis, Minnesota University Press.

FRIEDMAN M., 1998, « On the Sociology of Scientific Knowledge and its Philosophical Agenda », *Stud. Hist. Phil. Sci.*, 29 (2), p. 239-271.

GARFIELD E., 1975, « The Obliteration Phenomenon », *Current Contents*, 51/52 (5-7).

GARFINKEL H., et SACHS H., 1986, « On formal Structures of practical Action », p. 160-193, *in* Garfinkel H. (éd.), *Ethnomethodological Studies of Work*, Londres, Routledge and Kegan Paul.

GEISON G.L., 1995, *The Private Science of Louis Pasteur*, Princeton, Princeton University Press.

GILBERT G.N., et MULKAY M., 1984, *Opening Pandora's Box, A Sociological Analysis of Scientists' Discourse*, Cambridge, Cambridge University Press.

GINGRAS Y., 1991, *Physics and the Rise of Scientific Research in Canada*, Montréal-Kingston, Buffalo.

GINGRAS Y., 1995, « Un air de radicalisme. Sur quelques tendances récentes de la sociologie de la science et de la technologie », *Actes de la recherche en sciences sociales*, 108, p. 3-17.

GINGRAS Y., 2000, « Pourquoi le "programme fort" est-il incompris ? », *Cahiers internationaux de sociologie*, 109, p. 235-255.

GINGRAS Y., 2001, « What did Mathematics do to Physics », *Cahiers d'Épistémologie*, 274, p. 1-41; aussi, *in History of Science*, décembre.

GINGRAS Y., 2002. « Mathématisation et exclusion, socioanalyse de la formation des cités savantes », *in* Wunenburger J. J. (éd.), *Gaston Bachelard et l'Épistémologie française*, Paris, PUF.

GRMEK M.D., 1973, *Raisonnement expérimental et Recherches toxicologiques chez Claude Bernard*, Genève, Droz.

GRÜNBAUM A., 1993, *La Psychanalyse à l'épreuve*, trad. J. Proust, Paris, Éditions de l'Éclat.

HACKING I., 1992, « The Self-Vindication of Laboratory Sciences », p. 29-64, *in* Pickering A. (éd.), 1992.

HAGSTROM W., 1965, *The Scientific Community*, New York, Basic Books.

HANNAWAY O.,1988, « Laboratory Design and the Aim of Science », *Isis*, 77, p. 585-610.

HARGENS L., 1978, « Theory and Method in the Sociology of Science », p. 121-139 *in* Gaston J., *Sociology of Science*, San Francisco, Jossey-Bass.

HASKELL T.L., 1984, « Professionalism Versus Capitalism : R.H. Tawney, É. Durkheim and C.S. Peirce on the Disinterestedness of Professional Communities », *in* Haskell T.L., (éd.), *The Authority of Experts : Studies in History and Theory*, Bloomington, Indiana University Press.

HEILBRON J.L., et SEIDEL R.W., 1989, *Lawrence and his Labo-*

ratory, an History of the Lawrence Laboratory of Berkeley, Berkeley, University of California Press.

HOLTON G.H., 1978, « Presuppositions and the Millikan-Ehrenhaft Dispute », p. 25-83, *in* Holton G.H., *The Scientific Imagination : Case Studies*, Cambridge, Cambridge University Press.

HOMES F.L., 1974, *Claude Bernard and Animal Chemistry : The Emergence of a Scientist*, Cambridge (Mass.), Harvard University Press.

KNORR-CETINA K., et MULKAY M., 1983, « Towards a Constructivist Interpretation of Science », p. 130-132, *in* Knorr-Cetina K., (éd.), *Science Observed, Perspectives in the Social Study of Science*, Londres, Sage.

KUHN T.S., 1972, *La Structure des révolutions scientifiques*, Paris, Flammarion (1re éd., Chicago, University of Chicago Press, 1962).

KUHN T.S., 1977, *La tension essentielle*, Paris, Gallimard.

LATOUR B., et WOOLGAR S., 1979, *Laboratory Life. The Social Construction of Scientific Facts*, Londres, Sage.

LATOUR B., 1983, « Le dernier des capitalistes sauvages. Interview d'un biochimiste », *Fundamenta Scientiae*, 314 (4), p. 301-327.

LATOUR B., 1987, *Science in Action*, Cambridge (Mass.), Harvard University Press.

LATOUR B., 1988, *The Pasteurization of France*, Cambridge (Mass.), Harvard University Press.

LATOUR B., et JOHNSON J., 1988, « Mixing Humans with Non-Humans : Sociology of a Door-Opener », *Social Problems*, 35, p. 298-310.

LATOUR B., 1993, « Where are the missing Masses ? Sociology of a few mundane Artifacts », *in* Bijker W., et Law J., (éds), *Constructing Networks and Systems*, Cambridge (Mass.), MIT Press.

LAZLO P., 2000, *Miroir de la chimie*, Paris, Éditions du Seuil.

LEONTIEF W., 1982, « Academic Economics », *Science*, 217, p. 106-107.

LYNCH M., 1992, « Extending Wittgenstein : the Pivotal Move from Epistemology to the Sociology of Science », *in* Pickering A., (éd.), 1992, *Science as Practice and Culture*, Chicago, University of Chicago Press.

LYNCH M., 1993, « Scientific Practice and Ordinary Action », *Ethnomethodology and Social Studies of Science*, Cambridge, Cambridge University Press.

MANHEIM K., 1956, *Idéologie et Utopie*, Paris, M. Rivière.

MARCUS G.E., et FISCHER M.M.J., 1986, *Anthropology as Cultural Critique. An Experimental Moment in the Human Sciences*, Chicago, University of Chicago Press.

MEDAWAR P.B., 1964, « Is the Scientific Paper Faudulent ? », *Saturday Review*, 1, p. 42-43.

MERLEAU-PONTY J., 1965, *Cosmologie du XXᵉ siècle*, Paris, Gallimard, p.184.

MERTON R.K., 1957, « Priorities in Scientific Discovery : A Chapter in the Sociology of Science », *American Sociological Review*, 22, p. 635-659.

MERTON R.K., 1973, « The Ambivalence of Scientists », *in The Sociology of Science, Theorical and Empirical Investigations*, Chicago, University of Chicago Press, p. 383-418.

MERTON R.K., 1957, « Bureaucratic Structure and Personnality », *in Social Theory and Social Structure*, Glencoe, Free Press, p. 249-261.

MULLINS N.C., 1972, « The Development of a Scientific Speciality : The Phage Group and the Origins of Molecular Biology », *Minerva*, X (I), p. 51-82.

NYE M.J., 1993, *From Chemical Philosophy to Theoritical Chemistry : Dynamics of Matter and Dynamics of Disciplines, 1800-1950*, Berkeley, University of California Press.

PASSERON J.-C., à paraître, *Le Raisonnement sociologique. Un espace non poppérien de l'argumentation*, Paris, Albin Michel (2ᵉ éd. refondue).

PICKERING A., (éd.), 1992, *Science as Practice and Culture*, Chicago, University of Chicago Press.

POINCARÉ H, 1968, *La Science et l'Hypothèse*, préface de Jules Vuillemin, Paris, Flammarion.

POLANYI M., 1951, *The Logic of Liberty*, Londres, Routledge and Kegan Paul.

POLLAK M., 1979, « Paul F. Lazarsfeld, fondateur d'une multinationale scientifique », *Actes de la recherche en sciences sociales*, 25, p. 45-59.

POPPER K., 1945, *The Open Society and its Ennemies*, New-York.

SHAPIN S. et SCHAFFER S. 1985, *Leviathan and the Air-Pump*, Princeton, Princeton University Press.

SHAPIN S., 1988, « The House of Experiment in Seventeenth Century England », *Isis*, 79 (298), p. 373-404.

SHINN T., 1988, « Hiérarchie des chercheurs et formes des recherches », *Actes de la recherche en sciences sociales*, 74, p. 2-22.

SHINN T., 2000, « Formes de division du travail social et convergence intellectuelle, La recherche technico-instrumentale », *Revue française de sociologie*, 3 (3), p. 447-473.

SOULIÉ C., 1995, « Anatomie du goût philosophique », *Actes de la recherche en sciences sociales*, 109, p. 3-28

TOMPKINS J., 1988, « Fighting Words : Unlearning to write the Critical Essay », *The Georgia Review*, XLII, 3, p. 585-590.

TOULMIN S., 1979, « From Form to Function, Philosophy and History of Science in the 1950's and Now », *Daedalus*, 16.

WITTGENSTEIN L., 1953, *Philosophical Investigations*, *in* Anscombe G.E.M., (éd.), Oxford, Blackwell.

WOOLGAR S., (éd.), 1988a, *Knowledge and Reflexivity : New Frontiers in the Sociology of Knowledge*, Londres, Sage.

WOOLGAR S., 1988b, *Science. The Very Idea*, Chichester, Ellis Horwood, Londres, Tavistock.

INDEX DES NOMS

TABLE DES MATIÈRES

Achevé d'imprimer sur rotative
par l'imprimerie Darantiere
à Dijon-Quetigny en
octobre 2001

Diffusion: Le Seuil
Dépôt légal: 4e trimestre 2001
N° d'impression: 21-0975